Unsichtbare Wurzelkraft
aus der Schatzkammer der Erde

Andrea Kurtz

Das ist drin

Einladende Worte	8
Auf der Suche nach unseren Wurzeln	10
Unser Immunsystem	10
Samenfestes Saatgut vs. Hybridsaatgut	16
Selbst gezogenes Gemüse, Wurzeln und Pflanzen	18
Teezubereitung	19
BÄRWURZ – Würzige Wiesenpflanze mit Bärenkräften	20
BALDRIAN – Eine erhabene Königin im Blumenbeet	22
BEINWELL – Eine überirdische Schönheit als Knochenheilerin	26
• Fruchtiger Beinwellsalat	29
• Frittierte Beinwellblätter	30
BRENNNESSEL – Urkraft aus der Erde	32
• Edles Brennnesselrisotto	37
• Feine Brennnesselsuppe	38
• Vollmundiger Brennnesselsalat mit Wassermelone und Fetakäse	39
• Heldenhafte Brennnesselröllchen als Wraps	40
ENGELWURZ – Engelhafte Gestalt mit Wurzelpower	42
HAFERWURZ – Die Austernknolle	44
• Herbstlicher Kartoffelsalat mit Haferwurz	46
• Gebratene Reisnudeln mit Haferwurz	48
• Indisches Haferwurzel-Korma	50
• Sonnige Currylinsen mit Haferwurz	52
• Traumhafte Gemüsebällchen mit Dip und Haferwurz	54
• Bezaubernder Couscoussalat mit Feigen und Haferwurz	56
KLETTE – Einheimische Kraftwurzel mit Bärenkräften	58
KNOBLAUCH – Die Wunderknolle	60
• Kräftige Knoblauchsuppe	62
• Anti-Erkältungsbrot	63

KNOLLENZIEST – Vergessene Feinschmecker-Knolle ... 64

- Erdiges Kartoffel-Erbsencurry mit Knollenziest ... 66
- Leichte Sojanudeln mit Lauchgemüse und Knollenziest ... 68
- Knuspriger Kichererbsenreis mit Möhrengemüse, Shitake und Knollenziest ... 70
- Red-lentil-Spaghetti mit Sauce bolognese und Knollenziest ... 73

LICHTWURZEL – Yamswurzel aus China ... 74

- Nussiges Bulgurgemüse mit Lichtwurzeln ... 78
- Lauwarmer Buchweizen-Lichtwurzel Coleslaw ... 79
- Bunte-Beete-Reis mit Lichtwurzeln und roten Johannisbeeren ... 80
- Inspirierende Quinoapfanne mit Lichtwurzeln ... 82
- Frischer Lichtwurzel-Kürbiskern-Salat mit Feldsalat und Tsatziki ... 84
- Aromatisches Ratatouille á la Provence mit Lichtwurzeln ... 86
- Seidige Rotkohlsuppe „Lila Luzy" mit Lichtwurzeln ... 88

LÖWENZAHN – In der Wurzel liegt die Kraft ... 90

- Intensives Löwenzahngelee ... 94
- Wilder Löwenzahnsalat mit Beeren ... 95

MEERRETTICH – Die scharfe Power-Knolle ... 96

- Würziger Salat mit Meerrettichblättern ... 99

NACHTKERZE – Die Superfood-Wurzel ... 100

- Cremige Tomatensuppe mit weißen Bohnen und Nachtkerzenwurzeln ... 102
- Mediterrane Hirsepfanne mit Nachtkerze und Artischocken-Dip ... 104
- Wohlfühl-Pie mit Nachtkerze ... 106
- Wilder Basmatireis mit Fenchel, Paprika und Nachtkerzenwurzeln ... 108

NELKENWURZ – Zarte Elfengestalt mit magischen Kräften ... 110

OCA – Die kleeblättrige rote Knolle ... 112

- Kulinarischer Kartoffel-Blumenkohlauflauf mit Ocas ... 114
- Klassischer Tomatenreis mit weißen Bohnen und Ocas ... 116
- Leuchtende Ocas auf Grünkern-Bohnensalat ... 118

Das ist drin

PASTINAKE – Die gelbe Wiesenschönheit 120
- Gefüllte Paprika mit Pastinaken-Karottenpüree 122
- Herzhafte Gerstensuppe mit Pastinake 124
- Vielfältige Pastinaken-Nudeln mit einer zitronigen Spinatkäsesauce 126
- Indische Pastinakensuppe 127
- Wärmendes Linsen-Dal mit Pastinake 128
- Bodenständige Semmelknödel mit Pastinakengemüse 130

PETERSILIENWURZEL – Kraftwurzel in der Küche 132
- Würziges Petersilienwurzelpüree überbacken mit Tomatensalat 134
- Vitaminreiche Spinat-Quiche mit Petersilienwurzel 136
- Marokkanischer Gemüse-Schmortopf mit Petersilienwurzel 137
- Zitronige Petersilienwurzelsuppe 138
- Saftige Tortilla mit Petersilienwurzel 139
- Fröhlicher Kichererbseneintopf mit Petersilienwurzel und Räuchertofu .. 140
- Italienische Minestrone mit Petersilienwurzel 142
- Erdverbundene Kohlsuppe mit Petersilienwurzel 144
- Knackiger Petersilienwurzel-Rohkostsalat 145

ROTE BEETE – Eine rundum gesunde Knolle 146
- Farbenprächtige Rote-Beete-Lasagne 148
- Orientalisches Gelbe-Beete-Püree 150
- Genüssliche Rote-Beete-Vorspeise mit Brombeeren garniert 152
- Attraktive Rote-Beete-Reispfanne mit Chili-Äpfeln 155
- Kraftvolle Calzone gefüllt mit roter Beete 156
- Rote-Beete-Salat mit Nüssen und Feta 158
- Krosse Rote-Beete-Pizza 159
- Verlockender Rote-Beete-Schokoladenkuchen 160
- Genussvoller Karottenkuchen mit Cashew Cream 162
- Aromatische Rote-Beete-Apfel-Suppe mit Feta 164
- Borschtsch mit Power 165

SCHWARZWURZEL – Die spanische Wurzel – Delikatesse unter schwarzer Haut ... 166
- Umwerfendes Schwarzwurzelgratin 168
- Bissfeste Maispolenta mit Schwarzwurzel und einem Grünkohlpesto 170
- Winterliche Schwarzwurzeltarte 172
- Sonniges Kokoscurry mit Schwarzwurzel 175
- Wohlschmeckende Rote-Linsen-Reispfanne mit Schwarzwurzeln 176
- Überraschungs-Pasta mit Schwarzwurzeln 178

TOPINAMBUR – Sonnenwurzel mit indigenen Wurzeln	180
• Kräuterbrot mit Topinambur	182
• Wohltuende Möhren-Topinambur-Thymian-Suppe	183
• Grüner Salat mit Topinambur und Orangen	184
• Leckere Topinambur-Fritten mit Zitronen-Dip	186
• Verführerische Topinambur-Chips mit Sour Cream	188
• Cremiges Risotto mit Topinambur und Salbei	190
• Liebliche Topinambur-Suppe mit Quitten	192
• Feines Carpaccio vom Topinambur mit einer Schalotten-Holundervinaigrette	193
• Erdige Topinambur-Kartoffeln mit Rosmarin	194
• Apfel-Topinambur-Flammkuchenstar	196
WILDE MÖHRE – Der Vorfahre unserer Möhre – die Wildknolle	198
ZUCKERWURZ – Königliche Knolle	200
• Schmackhafter Rotkohlsalat mit Zuckerwurz	202
• Königliches Kichererbsencurry mit Zuckerwurz	204
ZWIEBEL – Ausdauernde Wurzelkraft	206
• Herzhafte Zwiebelsuppe	209
• Uriger Zwiebelkuchen	210
• Warmer Zwiebelsalat	212
• Bunter Orangen-Zwiebelsalat	213
Eigenschaften der Wurzel	214
Epilog	218
Danksagung	218
Literaturtipps	222

Einladende Worte

Wurzeln haben ganz besondere Kräfte. Denn sie sind noch direkt mit Mutter Erde im Erdreich verbunden, bevor wir sie ernten. Sie sind in ihrem Schoß gewachsen und groß geworden. Damit verbindet sich eine außergewöhnliche Urkraft, die ihnen innewohnt. Diese lebendige Kraft geben die Wurzeln an uns weiter, wenn wir die Pflanzen anbauen, ernten oder einfach verarbeiten und zu uns nehmen.

Es handelt sich in diesem Buch um eine Mischung aus wilden Wurzeln und Garten-Gemüsewurzeln, die wir aus unserem Sichtfeld verloren haben - die vergessenen Schätze der Natur. Ich möchte Ihnen eine Palette von Wurzelpflanzen vorstellen, die einerseits unseren Lebensmittelkatalog bereichern und unseren Garten ebenso. Nach dem Motto: regional und saisonal essen auch im Herbst und Winter. Die Grundrezepte können Sie jedoch gleichermaßen das ganze Jahr über nutzen.

Ich habe mich selbst nach und nach an das vorgestellte Wurzelgemüse herangetraut und in unserem Garten angepflanzt und war überrascht, wie leicht es sich ziehen lässt. Bei jeder Pflanze erhalten Sie einen Einblick über die Heilkräfte sowie auch wunderschöne Rezeptideen. Also alles, was sich aus der Pflanze Leckeres in der Küche mit wenigen Mitteln zaubern lässt. Daher möchte ich Ihnen Mut machen und inspirieren, Neues auszuprobieren.

Wenn ich persönlich überlege, ein neues Gemüse auszuprobieren und anzubauen, stellt sich mir immer die Frage, „Was kann ich daraus denn überhaupt leckeres kochen? ". Deswegen habe ich zusätzlich zu den Pflanzenportraits auch ausgewählte leckere Wurzelrezepte aus der Küche kombiniert. Da das Auge bekanntlich immer mitisst, habe ich jedes Lieblingsrezept mit einem Foto hinterlegt.

Wir haben seit einigen Jahren Topinambur in unserem Garten. Ich habe einmal Topinambur in der Küche eingesetzt und war, muss ich sagen, geschmacklich nicht so begeistert. Seitdem führte Topinambur in unserem Garten ein Dornröschen-Dasein. Im Gartenjahr 2021 habe ich etliche Knollen an eine Freundin verschenkt, die mir später davon vorgeschwärmt hat, wie gut ihr Topinambur schmeckt. Na gut, habe ich gedacht, dann setzt du dich auch nochmal mit der Knolle auseinander und habe mich mit Wurzelrezepten beschäftigt. Als erstes habe ich eine Möhren-Topinambur-Suppe (siehe Seite 183) daraus gemacht. Und was soll ich Ihnen sagen? Die Suppe war ein voller Erfolg sowohl bei mir als auch in unserer Familie. Seitdem betrachte ich Topinambur mit neuen Augen. Dieses Erlebnis war für mich der Anstoß und zaghafte Beginn für dieses Buch. Und daher möchte ich auch Sie gerne inspirieren, sich neu mit Wurzelgemüse zu beschäftigen, auch wenn Sie wie ich schon mal eine geschmackliche Pleite erlebt haben.

Im Vordergrund steht für mich unsere Gesundheit, also ein gutes, gesundes und selbstbestimmtes Leben. Unser Körper hat unglaubliche Selbstheilungskräfte und Reparaturmechanismen, die er für uns anwirft, wenn wir ein bisschen was an unseren liebgewonnenen Strickmustern verändern. Ernährung ist ein Rädchen dabei, eine Stellschraube, die wir verändern können.

Hier begegnen uns die Wurzeln der Gesundheit und der eigenen Widerstandskräfte.

Auf der Suche nach unseren Wurzeln

Wenn wir auf der Suche nach den Wurzeln der Gesundheit und der Widerstandskräfte sind, möchte ich Sie für die naturheilkundliche Selbsthilfe inspirieren. Die Naturheilkunde ist eine jahrhundertealte Erfahrungsheilkunde, die eine Ergänzung zur Schulmedizin darstellt. Die Heilpflanzenrezepte in diesem Buch ermöglichen Ihnen selbstwirksam das ein oder andere Ungleichgewicht in Ihrem Körper anzugehen. Sie regen damit ihre Selbstheilungskräfte an, um ihre Gesundheit aus eigener Kraft wieder zu erlangen. Das Buch bietet ihnen durch die verborgenen Schätze der Wurzel, ein bisschen mehr im Einklang mit der Natur zu leben.

Hier wie ich finde ein sehr passendes Zitat von Paracelsus:

„Der Arzt verbindet deine Wunden. Dein innerer Arzt aber wird dich gesunden."

Unser Immunsystem

Für ein gesundes Immunsystem sind viele Dinge wichtig: Entspannung, körperliche Aktivität, Bewegung/Zeit in der Natur, Freude an dem, was wir tun, Zufriedenheit, soziale Beziehungen, ausreichender Schlaf als auch eine ausgewogene, frische basische Ernährung. Alles Tortenstücke, die zu einem Gesamtkuchen: „Gesundheit" werden.

Wir widmen uns in diesem Buch dem Tortenstück „basische Ernährung". Herr Professor Dr. Andreas Michalsen hat in seinem Buch „Mit Ernährung heilen" dazu gesagt, dass aus seiner Sicht 70 % aller chronischen Erkrankungen ihre Ursache in falscher Ernährung haben. Das ist ein hoher Prozentsatz an Menschen, die chronisch krank sind, einfach auf Grund ihrer Ernährung. Daraus kann man ableiten, dass ohne gesunde Ernährung Gesundheit langfristig nur schwer möglich ist. Warum ist das so?

In unserer Gesellschaft ist es superleicht, säurebildende Lebensmittel zu sich zu nehmen. Ich mache Ihnen ein Beispiel dazu: Zum Frühstück gibt es Müsli mit Milch oder Joghurt. Basisch sind die getrockneten Früchte, der Rest ist säurebildend. Zum Mittagessen gibt es Nudeln mit einer Sahnesauce. Hier haben wir dann zu 100 % säurebildend gegessen. Und zum Abendbrot gibt es Brot mit Käse oder Wurst. Im Resultat wieder 100 % säurebildend.

Das führt zu einer schleichenden Übersäuerung unseres Körpers. Und eigentlich haben wir das Gefühl, uns doch ziemlich gesund zu ernähren. Unter dem Blickwinkel der basischen/säurebildenden Ernährung leistet unser Körper aber Schwerstarbeit. Er muss nämlich die Säuren abbauen! Dafür benötigt er Calcium und Magnesium. Unser Körper ist darauf ausgerichtet, unser Blut basisch zu halten, genauso wie er unsere Körpertemperatur bei ca.

37 Grad hält, egal ob es draußen warm oder kalt ist. Und im übertragenen Sinn macht unser Körper das auch mit unserer Nahrung, die wir aufnehmen. Egal, was wir essen, er hält unser Blut basisch.

Unser Körper ist zu ziemlichen Höchstleistungen fähig. Er schafft es, über einen relativ langen Zeitraum die Säuren abzubauen, die wir unserem Körper über die säurebildenden Lebensmittel zuführen. Aber irgendwann geht es nicht mehr und unser Körper wird krank. Lebensmittelbedingte Krankheiten sind dann: Osteoporose, Rheuma, Bluthochdruck, Arthrose, Arthritis, Zucker, Gicht …. alles Folgen einer kontinuierlichen Übersäuerung.

Dass die o.g. Krankheiten auftauchen, hat überhaupt nichts mit unserem Alter zu tun und ist **kein** *altersbedingter Automatismus, sondern* ist in vielen Fällen das Ergebnis unserer Ernährung. Das Positive ist, dass unser Körper ein erstaunliches Regenerationsvermögen hat. Das heißt, wenn wir unsere Ernährung etwas anders ausrichten, wird das einen förderlichen Aspekt auf unsere Gesundheit haben. Unsere Selbstheilungskräfte werden aktiviert.

Das, was wir heute zu uns nehmen, ist die Basis unserer Gesundheit in 10 Jahren.

In Zeiten von Corona oder auch grippalen Infekten sind wir gut aufgestellt, wenn wir über ein intaktes Immunsystem verfügen. Für mich persönlich heißt das, dass es wichtig ist, *mein Immunsystem zu* boostern. Leider wird dieses Thema medial kaum thematisiert, obwohl wir gerade darauf einen großen Einfluss haben. Wenn Sie geimpft sind und keine Impfnebenwirkungen wie Gliederschmerzen, Kopfschmerzen, Fieber oder Schüttelfrost nach einer Impfung hatten, ist dies aus meiner Beobachtung/Sicht ein Zeichen, dass ihr Immunsystem ziemlich gut aufgestellt ist. Wenn Sie zu denjenigen gehören, die nach der Impfung Gliederschmerzen, Fieber, Schüttelfrost hatten, kann es sein, dass ihr Körper mit den körpereigenen Baustellen schon ziemlich belastet ist, und das ihr Körper mit der Verarbeitung der Impfung überlastet ist. Vielleicht hatten Sie aber auch zu schnell zwei aufeinander folgende Impfungen. Also was können Sie tun, um Ihre Immunabwehr zu verbessern? Diese Frage beantwortet sich, wenn wir uns gleich mit den basischen und säurebildenden Lebensmitteln beschäftigen.

Wenn wir uns anschauen, was unser Immunsystem stärkt, sollten wir uns auch anschauen, was unser Immunsystem schwächt. Das sind vor allen Dingen Sorgen, Stress, Kummer und Angst. Nicht alles davon kann man einfach abstellen. Aber zu dem Thema Angst sollte uns bewusst sein, dass Angst ein sehr machtvolles Instrument ist und nicht nur in Bezug auf Corona, sondern auch in Zusammenhang mit der Energiekrise und dem Ukraine-Krieg sehr intensiv von den Medien und der Politik genutzt wird und unser Leben bestimmen kann. Angst ist eine niedrig schwingende Energie, die nicht unsere Potenziale fördert sondern hemmt. Aber vor allem schwächt Angst auch unser Immunsystem. Und das ist in der jetzigen Zeit für uns absolut kontraproduktiv. Wenn Sie täglich die Zeitung lesen, sich die Nachrichten anschauen, gehen Sie zum Ausgleich in die Natur. Machen Sie einen Spaziergang im Wald. Genießen Sie das Grün und die Pflanzen um Sie herum. Denken Sie bewusst an etwas Schönes und machen Sie etwas, was Ihnen Freude bereitet, um einen Ausgleich zu schaffen.

Tipp: Eine Impfung enthält als Trägerstoff in der Regel Schwermetalle, die sich dann in unseren Körper einlagern. Um die Schwermetalle aus Ihrem Körper auszuleiten, gibt es ein homöopathisches Präparat (z.B. X-RAY, C 30). Nehmen Sie Kontakt zu Ihrem Heilpraktiker des Vertrauens auf und lassen Sie sich dazu beraten, wie Sie die negativen Impfnebenwirkungen wieder ausscheiden können.

Basische und säurebildende Lebensmittel

Basisch	Säurebildend
Amaranth	Brot
Buchweizen	Brötchen
Gemüse	Butter
Getreide, das angekeimt ist	Cola
Hirse	Eier
Hülsenfrüchte	Fisch
Kartoffeln	Fleisch
Mandelmilch	Getreide
Pflanzliche Margarine	Haferflocken
Nüsse	Joghurt
Obst	Kaffee
Pflanzliche Öle	Käse
Quinoa	Limonade
Reis	Milch
Salat	Nudeln
Samen	Sahne
Schwarzer Espresso	Süßigkeiten
Soja	Toast
Sprossen	Wurst
Tee	Zucker
Tofu	
Yoghurt aus Soja/Cashew	
Wasser	
Wildkräuter	
Wurzelgemüse	

Ich persönlich versuche meine Mahlzeiten zu 2/3 basisch und 1/3 säurebildend auszurichten. Das gelingt nicht immer, aber meistens. Dabei hat pflanzliches Eiweiß nach dem jetzigen Stand der Forschung mindestens die gleiche Wertigkeit für unseren Körper wie tierisches Eiweiß. Beides wird von unserem Körper verwertet. Wobei bei einer pflanzenbasierten Ernährung das beste Fleisch tatsächlich Fruchtfleisch ist. Fleisch *ist* leider kein Stück Lebenskraft mehr, sondern tierisches Fleisch *war* ein Stück Lebenskraft und befindet sich nun im Verwesungsprozess.

Kollagen ist zum Beispiel ein wichtiger Bestandteil unseres Körpers und sorgt für die Festigkeit unserer Haut. Es ist ein Eiweißbaustein für unser Bindegewebe. Aber Kollagen entsteht ausschließlich über Nährstoffe, die wir mit unserer pflanzlichen Nahrung aufnehmen. Kollagen kann unserem Bindegewebe zum Beispiel nicht als Nahrungsergänzung zugeführt werden.

Säurebildende Lebensmittel und auch Kollagen als Nahrungsergänzung dienen den schädlichen Viren und Bakterien in unserem Körper als Futterquelle, so dass sich diese in unserem Körper weiter breit machen können. Mit Milch, Käse, Wurst, Fleisch, Nudeln etc. fühlen sich die schädlichen Bakterien und Viren rundum wohl in unserem Körper. Die Frage ist: Wollen wir das?

Sie sehen also: **Unser Essen ist Medizin** – ein wichtiger Schlüssel zu unserer Gesundheit.

Dieses Buch bietet Ihnen insbesondere Rezepte, die zum größten Teil basisch ausgerichtet sind. Die Grundrezepte können Sie gleichermaßen das ganze Jahr über nutzen. Veganes leckeres Soulfood für jeden Tag.

Für unser Wohlbefinden ist es wichtig, tatsächlich natürliche, also naturbelassene Nahrung zu uns zu nehmen, weil diese Qualität uns den größten Mehrwert für unsere Gesundheit bietet. Wenn Sie sich aber mal in einem Supermarkt umschauen, werden Sie nicht mehr als 5 % - 10 % wirklich naturbelassene Nahrung vorfinden, wenn ich in dieser Rechnung auch das F1-Gemüse abziehe, das nicht samenfest ist (siehe Samenfestes Saatgut versus Hybridsaatgut).

Um so wichtiger ist es, dass auch Wurzelgemüse Ihren Lebensmittelkatalog im basischen Bereich erweitern kann. *Wurzelgemüse ist eine lebendige Kraft und stellt einen Jungbrunnen in der Herbst-Winter-Saison für uns dar.* Die Sonnenstrahlen aus dem Sommer sind in der Wurzel eingespeichert und beinhalten gleichzeitig Informationen aus dem Reich von Mutter Erde für uns. Gerade in der Herbst-Winterzeit nährt und wärmt uns das Wurzelgemüse damit auf der einen Seite und hilft uns, gut verwurzelt zu sein. Denn wenn wir gut verwurzelt sind, stehen wir in unserer Kraft. Daher möchte ich Sie einladen, in die vielleicht neue Welt des Wurzelgemüses einzutauchen.

Samenfestes Saatgut versus Hybridsaatgut

*„Was der Bauer nicht kennt, das frisst er nicht.
Würde der Städter wissen, was er frisst,
er würde umgehend Bauer werden."*
Oliver Hasenkamp (Dt. Schriftsteller)

95 % unseres Gemüses im Handel ist nicht mehr samenfest. Es handelt sich um sog. F1-Gemüse, auch als F1-Hybride bezeichnet, das von Monsanto & Co produziert wird. Auch Biogemüse ist leider nicht automatisch samenfest!

Zudem sind seit 1990 laut FAO (Ernährung- und Landwirtschaftsorganisation der Vereinten Nationen) weltweit ca. 75 % unserer Kulturpflanzenarten ausgestorben. In Europa sind es sogar mehr als 90 %.

F1-Hybridsamen werden mittels einer Technologie (CMS-Methode) hergestellt, die der Gentechnik nahesteht. Wenn Sie mehr über die Methode erfahren möchten, empfehle ich Ihnen das Buch von Clemens G. Arvay „Hilfe, unser Essen wird normiert".

Die F1-Hybride sind Inzuchtlinien von Monsanto & Co. Sie entstehen durch künstliche Selbstbefruchtung. Die Pflanze verliert dabei ihre Vermehrungsfähigkeit. Das bedeutet, sie wird unfruchtbar und ist **nicht mehr fortpflanzungsfähig**. Die Pflanze bzw. Frucht verliert dabei bis zu 70 % an Vitalstoffen.

Das bedeutet, die Bauern müssen jedes Jahr neues Saatgut kaufen, weil es gar nicht möglich ist, aus den stärksten Pflanzen neues Saatgut für das Folgejahr zu entnehmen.

Hybridgemüse wird im konventionellen Anbau genutzt, ist aber genauso im Bioladen erhältlich, wo man es nicht vermuten würde. Meine Recherchen haben ergeben, dass auch Biogärtnereien überwiegend F1-Saatgut nutzen. Selbst bei Demeter ist es erlaubt, F1-Samen bei der Gemüseaussaat zu nutzen.

Die Lobbyindustrie wozu z.B. Monsanto gehört, hat es geschafft, das F1-Gemüse im Handel **nicht kennzeichnungspflichtig** ist. Die Kennzeichnungspflicht „F1" hört auf der Samentüte auf. Das heißt für den einzelnen Verbraucher ist **nicht erkennbar,** ob in der Gemüsetheke samenfestes Gemüse oder F1-Gemüse liegt.

Fragen Sie doch mal im Supermarkt oder auch auf dem Bauernmarkt, ob das angebotene Gemüse samenfest ist. Sie werden erstaunt sein, a) wie selten diese Frage ad-hoc beantwortet werden kann und b) wenn Sie weiter nachhaken, als Antwort „F1-Gemüse" kommt. Probieren Sie es doch einfach mal aus.

Eine Hybridpflanze hat lediglich eine Generation lang wirtschaftlich günstige Eigenschaften wie z.B. gleiches Aussehen, hohe Erträge etc. und benötigt dafür das Gesamtpaket mit Düngern, Pestiziden & Co, damit die gewünschte Erntemenge erreicht werden kann.

Durch dieses Vorgehen verschwinden immer mehr alte regionale Gemüsesorten. **95 % des Gemüses im Handel ist bereits F1-Gemüse!**

Doch umso mehr man düngt, umso anfälliger sind Pflanzen für Krankheiten. Die Sortenvielfalt dagegen stärkt dabei die Abwehrkräfte der Pflanzen.

Selbstgezogenes Gemüse aus samenfestem Saatgut ist lebendig, naturbelassen und frisch. Und das schmecken Sie, wenn Sie eine frische Gurke, Mohrrübe, Rote Beete ernten ...

Sie können sich schon vorstellen, wie meine Empfehlung lautet: Greifen Sie zu dem samenfestes Saatgut.
Nach dem Motto: Ich sähe was, was du nicht sähst.

Lassen Sie uns die alte Gemüsevielfalt nutzen und bewahren. Samenfestes Gemüse ist ein Stück Kulturgut und gehört zu unseren Wurzeln. Und auch das Wurzelgemüse hilft uns, noch besser in uns verwurzelt zu sein.

"Zwei Dinge sollen Kinder von ihren Eltern bekommen: Wurzeln und Flügel"
Khalil Gibran

Selbst gezogenes Gemüse, Wurzeln und Pflanzen

"Sein eigenes Essen anzubauen ist wie sein eigenes Geld zu drucken."
Ron Finley, amerikanischer Designer und Guerilla-Gärtner

Wir konzentrieren uns in diesem Buch schwerpunktmäßig auf Ernährung und Heilung. Denn: Essen ist auch gleichzeitig Medizin.

Schon Hippokrates sagte: *"Lebensmittel sollen eure Heilmittel sein und Heilmittel sollen eure Lebensmittel sein."* Und dem gehen wir in diesem Buch nach.

Warum lohnt es sich, sein eigenes Essen selber anzubauen?

Der Anbau von Essen ist nicht nur im eigenen Garten möglich, sondern auch in einem kleinen Mikrokosmos. Also auf dem Balkon in ein paar Töpfen, im Hochbeet oder in einer Kiste, im Hinterhof, Vorgarten oder auf einem Mietbeet. Hier möchte ich eine Vielzahl von Aspekten aufführen, warum es sich lohnt, sein Essen selber anzubauen.

- Das positive himmlische Gefühl beim Ernten des eigenen Gemüses ist einfach unvergleichbar.
- Selbst gezogenes Gemüse schmeckt viel besser.
- Naturbelassenes Gemüse aus einem naturnahen Garten ist gesünder.
- Sie haben keine Pestizidrückstände oder synthetische Düngemittel im Essen.
- Die Arbeit im Garten ist befriedigend und eine Wohltat für Körper und Seele.
- Der Anbau von Essen macht sie unabhängiger vom industriellen Massenkonsum.
- Sie erhalten einzigartiges Gemüse und kein "uniformes Gemüse" mehr. Das Gemüse ist nun individuell auf Sie ausgerichtet.
- Durch die Artenvielfalt (Anbau von alten, samenfesten Gemüsesorten) stellt es eine Oase für Insekten und Vögel dar.
- Ihr ökologischer Fußabdruck schrumpft.

Ich glaube, Biogemüse wird von jedem assoziiert mit "Gemüse aus Omas Garten". Leider wird aber auch im Biolandbau teilweise auf Spritzmittel und wie schon beschrieben auf F1-Saatgut zurückgegriffen, um kostengünstig arbeiten zu können. Leider stimmt die Assoziation also nicht ganz mit der Wirklichkeit überein. Wenn ihr aber euer Essen selber anbaut und erntet, habt ihr tatsächlich "Gemüse aus Omas Garten".

*"Fortschritt ist, wenn das Gemüse wieder
wie zu Großmutters Zeiten nach Gemüse schmeckt."*
Walter Ludin, Journalist

Teezubereitung

Wichtig zu wissen ist, dass keine Pflanze länger als 4 Wochen am Stück, also täglich, zur Heilwirkung genutzt wird. Nach dieser Zeit kann es passieren, dass entweder die Wirkung verwässert oder in ein Gegenteil umschlagen kann. Um das zu verhindern, ist es wichtig, dass Sie die 4-Wochen-Grenze berücksichtigen!

Wenn Sie einen Tee aus Pflanzen zubereiten, gilt folgende Regelung: die Pflanze 5-10 Minuten in heißem Wasser ziehen lassen.

Willkommen im Wurzelparadies

Begeben Sie sich auf eine Reise in eine unglaublich frische, saftige und genussvolle Wurzelwelt. Tauchen Sie in die wunderbare kraftvolle Welt der Wurzeln ein.

Ich wünsche Ihnen viel Freude und Entspannung beim Nachkochen. Und vor allen Dingen lassen Sie sich die Gerichte genüsslich schmecken und geniessen Sie die knackigen leckeren Wurzelknollen aus der Schatzkammer der Erde. Superfood als auch Seelenwärmer in der kalten Jahreszeit.

Herzlichst
Ihre Andrea Kurz

Meum athamanticum

Bärwurz

Würzige Wiesenpflanze mit Bärenkräften

Was mich ausmacht

Ich gehöre zu den Doldengewächsen und bilde eine weiße Blüte aus. Ich habe ein fein gefiedertes filigranes Blatt, das ein wenig an Dill oder Fenchel erinnert. Mittlerweile bin ich in der Natur recht rar geworden, so dass ich auf der roten Liste der gefährdeten Pflanzen stehe und unter Naturschutz bin. Im Allgemeinen bin ich über meinen sogenannten Bärwurzschaps bekannt.

Ich habe den Bärwurz im Berggarten entdeckt und mir ein paar Samen davon abgenommen. Mich hat der intensive Duft des Bärwurz beeindruckt. Mittlerweile steht er in unserem Kleingarten, da ich mir eine Bärwurz-Pflanze bestellt habe. Und da ich eine winterharte Staude bin, treibe ich im Frühjahr wieder aus.

Was ich kann

Einer meiner Eigenschaften ist, dass ich verdauungsfördernd, magenstärkend, krampflösend und entschlackend bin. Ich bin also ein würziges Verdauungselixier und rege zudem die Nieren an. Wenn man mich äußerlich anwendet, helfe ich bei Hautproblemen und Gicht. Außerdem werde ich auch bei Migräne empfohlen.

Meine Blätter können getrocknet werden. Ich behalte dabei mein würziges Aroma.

Meine Samen

Meine Samen werden im Sommer abgenommen, getrocknet und als Gewürz genutzt.

Ich bin ein Kaltkeimer und kann im Herbst ausgesät werden. Dann fange ich im Frühjahr an zu keimen.

Meine Wurzeln

Wenn meine Wurzel geerntet wird, wird meine Hauptwurzel abgeschnitten. Das hat zur Folge, dass das Wachstum meiner Nebenwurzeln angeregt wird.

Heilsame Rezepte

Meine größte Heilkraft liegt in meiner Wurzel. Die Heilkraft in meinem Blattgrün ist aber auch vorhanden, nur nicht so ausgeprägt.

Lieblingsrezepte

Meine Blätter können für einen Kräuterquark verwendet werden. Alternativ kann ich auch über eine Gemüsepfanne gestreut werden.

"Der Mann, der zu beschäftigt ist, sich um seine Gesundheit zu kümmern, ist wie ein Handwerker, der keine Zeit hat, seine Werkzeuge zu pflegen."
– Aus Spanien

Valeriana officinalis

Baldrian

Eine erhabene Königin im Blumenbeet

Was mich ausmacht

Ich bin eine wirklich schöne Staude mit einer aparten weißen Blüte, die eine Höhe von 2 m erreichen kann. Ich passe ebenso in ein Staudenbeet, wie ich als Solitärpflanze meinen Platz im Garten einnehmen kann.

Was ich kann

Ich punkte mit meiner entspannenden und ausgleichenden Energie.
Ich eigne mich für unruhige Menschen, die schlecht zur Ruhe kommen. In unserer schnelllebigen Welt helfe ich wieder Entspannung und Erdung zu finden. Bei unruhigen oder hyperaktiven Kindern helfe ich mehr in die eigene Mitte zu kommen. Auch bei Kindern, denen es schwerfällt sich zu konzentrieren, bin ich hilfreich. Es ist mittlerweile nachgewiesen, dass ich positiv regulierend in den Gehirnstoffwechsel eingreife. Es kann jedoch ein paar Tage dauern bis eine spürbare Wirkung eintritt.

Weiterhin bin ich hilfreich bei Einschlaf- und Durchschlafstörungen als auch bei Prüfungsangst oder Lampenfieber. Bei Angst bringe ich Licht ins Dunkel.

Zudem bin ich auch noch magen- und sehkraftstärkend und komme bei Kopf- und Ischiasschmerzen zum Einsatz. Ich bin also wesentlich vielseitiger als es allgemein bekannt ist.

Meine Samen

Meine Samen können im Sommer abgenommen werden. Ich bin ein Lichtkeimer und kann im Frühjahr ausgesät werden.

Meine Wurzeln

Meine Heilkraft liegt in der Wurzel. Meine Wurzel wirkt wie ein "blonder" Haarschopf. Für die Heilrezepte wird vorzugsweise meine 2-jährige Wurzel genutzt, die im Juli/August geerntet wird. Da ich bei meiner Ernte nicht in der Lage bin, weiterzuleben, gleiche ich das aus, indem meine Samen sehr fruchtbar sind und so viele neue kleine Pflanzen bilden. Ihr braucht deshalb aber nicht zu befürchten, dass in eurem Beet dann nur noch ich stehe. Wenn es euch zu viele Jungpflanzen von mir sind, bekommt ihr mich ganz unkompliziert aus dem Beet wieder raus.

"Wenn die Menschen wüssten, wie sehr die Gedanken ihre Gesundheit beeinflussen, würden sie entweder weniger oder anders denken."
- Andreas Tenzer

Heilsame Rezepte

Unruhe, Konzentrationsstörungen, Einschlafprobleme, Prüfungsangst, Lampenfieber, magen- und sehkraftstärkend

Für meinen Tee 1/2 Wurzel mit einem Liter kochendem Wasser aufgießen, 10 Minuten ziehen lassen und dann abseihen. 1 Tasse Tee vor dem Schlafengehen bzw. 3 x täglich 1 Tasse Baldriantee. Bei Kindern reicht eine halbe Tasse Tee. Bestehen Sie bei Kindern nicht auf das Austrinken, dann reicht eine kleinere Dosierung schon für Ihr Kind. Ggf. kann auch mit ein bisschen Agavendicksaft nachgesüßt werden.

Bei Kopf- und Ischiasschmerzen

Mein Kaltwasserauszug wird folgendermaßen hergestellt: Meine frische oder getrocknete Wurzel wird einen Tag oder eine Nacht lang in kaltem Wasser eingelegt und im Anschluss abgeseiht. Für einen Liter Wasser nehmen Sie eine Wurzel von mir. Mein Auszug wird dann etwas erwärmt und über den Tag verteilt 3-4 Tassen davon getrunken.

Symphytum officinale

Beinwell

Eine überirdische Schönheit als Knochenheilerin

Was mich ausmacht

Ich gehöre zu den Rauhblattgewächsen und bilde eine weiße oder violette Blüte aus. Meine Blätter sind essbar, vor allen Dingen sind meine jungen Blätter sehr schmackhaft. Meine Blattadern ähneln auch dem verzweigten System eurer Adern.

In meinen Blättern sind geringfügig Pyrrolizidinalkaloide enthalten, die in dieser Dosierung für Menschen aber nicht schädlich sind. Man kann dies mit Salz in eurem Brot vergleichen. Wenn ihr sehr viel Salz zu euch nehmen würdet, könntet ihr davon sterben. So ist das im gleichen Verhältnis von Salz im Brot zu den bei mir enthaltenen Pyrrolizidinalkaloiden.

Was ich kann

Ich bin so etwas wie eine Wunderknolle. Meine große Gabe liegt darin, Knochenbrüche, Prellungen, Verstauchungen und Zerrungen zu heilen. Ich bin dabei auch schmerzlindernd.

Zudem helfe ich auch hervorragend bei Entzündungen der Nerven oder Knochen bzw. bei Gelenkproblemen aller Art. Zum Beispiel bin ich sehr gut bei Fersensporn einsetzbar. Meiner Autorin habe ich schon mal super bei einem angestauchten Fuß und einem beginnenden Fersensporn geholfen. Auch bei den aufgekommenen Schmerzen stand ich ihr hilfreich zur Seite. Sie hat bereits sehr gute Erfahrungen mit mir gemacht.

Ich helfe auch unterstützend bei Arthrose.

Meine Samen

Ich kann über Samen angezogen werden, einfacher ist es aber, ein kleines Stück meiner Wurzel einzupflanzen. Daraus werde ich dann zu einer wunderbaren prachtvollen Pflanze.

Meine Wurzel

Meine Heilkraft liegt in meiner Wurzel. Ich habe eine große Wurzel, die innen weiß und außen schwärzlich ist. Wenn ihr meine Wurzel mal probiert, schmeckt sie schleimig und einhüllend. Ich trage eine hohe Lebenskraft in mir. In meiner Wurzel ist Allantoin und Kieselsäure enthalten. Allantoin regt die Durchblutung und die Regeneration von Zellen an. Sie beschleunigt den Wundheilungsprozess. Ideal ist es, meine Wurzel im Winter zu ernten, weil dann meine komplette Kraft in meiner Wurzel gespeichert ist. Aber auch wenn meine Wurzel im Frühjahr oder Sommer geerntet wird, ist in mir ausreichend Kraft zum Heilen vorhanden.

„Wie Blüten gehen Gedanken auf."

– Hermann Hesse –

Heilsame Rezepte

Alles, was unter „Was ich kann" aufgeführt wurde, kann mit dem nachfolgenden Rezept behandelt werden.

Meine Wurzel wird gerieben und mit etwas Eiweiß oder alternativ Wasser versetzt, so dass sich eine breiige Masse ergibt. Mein Brei kann nun die nächsten Tage verwendet werden und wird zwischendurch in den Kühlschrank gestellt. Mein Wurzelbrei wird abends (das geht natürlich auch zu einem anderen Zeitpunkt) auf die schmerzende zu behandelnde Stelle aufgetragen und mit einer Mullbinde umwickelt, so dass ich mich die ganze Nacht über entfalten und wirksam werden kann. Am nächsten Tag wird diese Vorgehensweise wiederholt. Das wird solange durchgeführt, bis alles wieder in Ordnung ist. Es kann gut sein, dass man schon nach einem Tag eine spürbare Verbesserung bemerkt.

Lieblingsrezepte - Frischekick für Glücksgefühle

fruchtiger Beinwellsalat

Zutaten für 4 Personen

1 Handvoll Beinwellblätter
200 g Heidelbeeren
200 g Himbeeren (das Obst ist nach Jahreszeit und Vorliebe austauschbar)
ggf. 1 Handvoll Rucola

Dressing

Saft einer halben Zitrone
die gleiche Menge Agavendicksaft
die gleiche Menge Rapsöl

Zubereitung (15 min)

1) Zuerst die Beinwellblätter auf einen Teller klein schneiden.

2) Jetzt die Heidelbeeren und die Himbeeren auf den Salat dekorieren.

3) Das Dressing vermischen und über den Salat geben.

Und schon genießen Sie einen leckeren Vitalsalat.

frittierte Beinwellblätter

Zutaten für 4 Personen

12 Beinwellblätter
Für die Füllung
1 Handvoll Wildkräuter wie z.B. Bärlauch, Brennnessel, Giersch oder Löwenzahn
200 g veganen Frischkäse
geriebene Zitronenschale oder Zitronensaft
Salz
Pfeffer
200-300 ml Kokosöl (oder ein anderes neutrales Öl) zum Frittieren

Für den Salat

200 g Portulak (Postelein)
1-2 Orangen
etwas Rapskernöl als Dressing

Zubereitung (40 min)

1) Für die Frischkäsefüllung zuerst die Wildkräuter wie z.B. Bärlauch waschen und klein schneiden und im Anschluss mit dem Frischkäse im Mixer vermengen. Das ganze nun mit Salz und Pfeffer würzen.

2) Jetzt die gewaschenen Beinwellblätter mit der rauen Seite nach oben legen und die raue Seite mit der Frischkäsecreme bestreichen und das zweite Blatt gleichermaßen mit der rauen Seite auf das bereits bestrichene Blatt legen und ordentlich andrücken.

3) Im nächsten Schritt die gefüllten Blätter in die Pfanne mit heißem Öl für 2-3 Minuten frittieren.

4) In der Zwischenzeit den Salat waschen, die Orangen schälen und klein schneiden. Danach das ganze auf die Teller dekorieren.

Nun haben Sie ein leckeres, frisches Gericht mit einem hohen Nährstoffgehalt. Lassen Sie es sich gut schmecken.

Köstliches Gourmetgemüse ... bon appetit.

Urtica dioica

Brennnessel

Urkraft aus der Erde

Was mich ausmacht

Ich gehöre zu den Brennnesselgewächsen und bilde eine grünliche Blüte aus, die meinen Samen entsprechen. Ich werde häufig unterschätzt, da ich oft mit meiner Brennkraft in Verbindung gebracht werde. Hier hilft übrigens der durch Druck der Finger feuchte Saft des Spitzwegerich (oder alternativ aus dem Stiel des Springkrautes), damit ich nicht mehr auf der Haut brenne. Beides ein wirksames Gegenmittel. Ich bin eine alte Gemüse - und Heilpflanze. Alles von mir ist essbar. Auch in der Küche mache ich mich ziemlich gut. Durch meinen hohen Gehalt an Eisen, Magnesium und Vitamin C bin ich genauso gesund wie schmackhaft. Ich komme in der Küche als Brennnesselrisotto, Gemüselasagne, Nudelauflauf, Wildspinat oder in der Suppe zum Einsatz. Ernten Sie immer die obersten Triebspitzen, also das frischeste Grün von mir. Ich habe unglaublich viele Nähr- und Mineralstoffe und gelte damit als einheimisches Superfood. Ich punkte vor allem mit ganz hohen Eisen- und Magnesiumwerten.

Ich bin auf Grund meiner Vielseitigkeit im Heilbereich zur Heilpflanze des Jahres 2022 gekürt worden.

Das Grün von mir beinhaltet Leben und große Lebenskraft. Chlorophyll habe ich außergewöhnlich viel in mir. Das Chloropyhll ist zudem dem Blut des Menschen sehr ähnlich, es unterscheidet sich in der chemischen Formel nur in einer einzigen Facette: im Blut ist Eisen und im Chloropyhll Magnesium enthalten.

Wer sticht, kann dadurch auch anregen und heilen ... durch diese Gleichung bin ich ein sehr wertvolles Kraut von der Wurzel bis zur Blüte. Ich bin eine Freundin des Menschen.

Wenn Sie mich das nächste mal aus dem Garten entfernen, machen Sie doch einfach eine leckere nahrhafte Suppe oder ein Smoothie aus mir.

Was ich kann

Ich bin sehr vielseitig: stoffwechselanregend, entgiftend/entschlackend, entwässernd und damit auch harntreibend. Vor allen Dingen bin ich harnsäureausscheidend bei Übersäuerung. Das bedeutet, wenn jemand zu hohe Harnsäurewerte durch

„Es gibt eine Kraft, die aus der Ewigkeit kommt und die Kraft ist grün."

– Hildegard von Bingen –

zu viele säurebildende Lebensmittel hat, helfe ich die Harnsäure aus dem Körper auszuleiten. Sodbrennen ist übrigens ein klassisches Zeichen für Übersäuerung. Daher bin ich besonders hilfreich bei Rheuma, Arthritis, Arthrose, Gicht, Leiden der Bauchspeicheldrüse, Reizblase oder Harnsteinen. Ich bin ein starkes blutreinigendes und blutbildendes Mittel. Zudem helfe ich bei Akne und Ekzemen. Weiterhin gelte ich als entzündungshemmend und hormonell regulierend sowohl bei der Menstruation als auch bei Wechseljahresbeschwerden. Wenig bekannt ist, dass man mich bei Durchfall, Nasenbluten und Wurmbefall nutzen kann. Nach einer Krankheit bin ich auf aufbauend und stärkend.

Meine Samen

Meine Samen im Spätsommer sind der Hammer. Ich werde dabei mit Ginseng verglichen. Mir wird auch eine potenzstärkende Wirkung nachgesagt.

Meine Samen sind in der Tat ein einheimisches Superfood, unheimlich gehaltvoll an Vitaminen und Mineralstoffen. Meine Samen eignen sich sehr gut zum Drüberstreuen für einen Obstsalat, Müsli, in Gemüsepfannen, Brot oder in einer Suppe.

Wenn Sie meine Samen mit Handschuhen ernten und in eine Box reinrieseln lassen, können Sie mich ganz unkompliziert ernten. Und das komplett ohne ökologischen Fußabdruck wie bei einigen anderen Samen im Handel. Regional, ökologisch und gesund. Meine Samen sind ein echtes Gesundheitselixier. Richtig reif sind meine Samen, wenn sie bräunlich werden. Meine Samen ein paar Tage auf einem Teller trocknen lassen und dann in ein Glas abfüllen. So haben Sie das ganze Jahr was von mir.

Übrigens gibt es männliche und weibliche Pflanzen von mir. Meine männlichen "Samenstände" stehen waagerecht vom Stiel ab und die weiblichen Samenstände hängen herunter. Nur die weiblichen Pflanzen bilden richtige Samen (von der Form eher platt-oval) aus, bei den männlichen "Samenständen" handelt es sich lediglich um die verblühte Blüte (von der Form eher rund).

Meine Wurzel

Ich bin ein Flachwurzler, da meine Wurzeln aber ziemlich robust sind, vertrage ich Hitze trotzdem sehr gut.

Auch meine Wurzel ist essbar. Sie kann gut in Suppen mitgekocht und püriert werden.

Meine Wurzel wird bei Prostatabeschwerden und Blasenstörungen verwendet. Ich bin harntreibend, blutreinigend und stärkend.

Wurzelabsud: Eine Handvoll meiner frischen Wurzeln reinigen und in 1 Liter heißes Wasser für einen Tee geben. Trinken Sie täglich 3 Tassen davon.

Mein Tipp

Wenn Sie mich roh im Salat essen möchten, benutzen Sie einfach eine Nudelrolle und gehen damit kräftig über mein Blattgrün. Dann brennen meine Haare nicht mehr. Wenn Sie mich kochen oder in einen Smoothie geben, brenne ich auch nicht mehr. Durch die Hitze bzw. das Zerkleinern verlieren meine Brennhaare automatisch die Brennkraft.

Heilsame Rezepte

Frühjahrsentschlackungskur

Über 4 Wochen pflücken Sie meine jungen Triebspitzen. 3–4 Blätter mit Stiel nutzen Sie für eine Tasse Tee. Sie trinken dann auf nüchternen Magen eine Tasse Tee, als auch mittags und abends. Ideal ist es, wenn Sie danach eine halbe Stunde nichts essen.

Haarwasser

Den eben beschriebenen Tee können Sie wunderbar als Haarwasser oder letzte Spülung nutzen. Sie stärken und kräftigen damit Ihre Kopfhaut. Der einzige Nachteil ist, dass Sie sich den Tee ca. alle 3 Tage neu aufsetzen müssen, da er nach dieser Zeit dann „muffig" wird. Lassen Sie den Tee 5–10 Minuten ziehen.

Gesichtswasser

Den eben beschriebenen Tee können Sie auch wundervoll als Gesichtswasser nutzen. Ich habe einen klärenden Effekt, vor allen Dingen bei unreiner Haut. Der einzige Nachteil ist, dass Sie sich den Tee ca. alle 3 Tage neu aufsetzen müssen. Lassen Sie den Tee 5–10 Minuten ziehen.

Bei Akne, Menstruationsschmerzen, Rheuma, Gicht

Zwei Handvoll meiner Blätter auf 1 Liter Tee aufsetzen. 3 x täglich eine Tasse trinken.

Lieblingsrezepte - Glücksgefühle in Grün

edles Brennnesselrisotto

Zutaten für 4 Personen

250 g Risottoreis
4 Händevoll Brennnesseln
1 Zwiebel
Gemüsebrühe
Geriebene Zitronenschale von 1/2 Zitrone
Veganer Parmesan oder Hefeflocken
Kokosöl
ggf. Salz
ggf. Pfeffer

Zubereitung (40 min)

1) Zwiebel fein würfeln und in Kokosöl mit geriebener Zitronenschale glasig dünsten.

2) Reis und Gemüsebrühe hinzufügen und auf kleiner Flamme köcheln lassen.

3) Brennnesseln klein schneiden und zum Schluss in das Risotto unterrühren (den Topf dann vom Herd nehmen) und kurz ziehen lassen. Ggf. mit Salz, Pfeffer abschmecken und auf den Tellern den geriebenen veganen Parmesan auf das fertige Risotto geben.

Fertig:
Ein aromatisches Brennnesselrisotto und das Auge isst mit.

Lieblingsrezepte - Erntezeit

feine Brennnesselsuppe

Zutaten für 4 Personen

1-2 Zwiebeln
2 große Kartoffeln
3-4 Händevoll Brennnesseln
1.5 Liter Gemüsebrühe
Pfeffer

Zubereitung (30 min)

1) Zuerst die Zwiebel klein schneiden und in einem Topf andünsten.

2) Als nächstes die gewaschenen, klein geschnittenen Kartoffeln mit der Gemüsebrühe hinzufügen und 15 Minuten köcheln lassen.

3) Nun die Brennnesselblätter in die Gemüsebrühe hineinschneiden.

4) Zum Schluss die gesamte Suppe gut pürieren und servieren.

**Guten Appetit
bei dieser vitalisierenden
und köstlichen Suppe!**

Lieblingsrezepte - Vitaminstar

vollmundiger Brennnesselsalat
mit Wassermelone und Fetakäse

Zutaten für 4 Personen

2 Hände voll Brennnesseln
½ Wassermelone
200 g veganer Fetakäse
Rapskernöl

Zubereitung (20 min)

1) Die Brennnesseln waschen und mit der Nudelrolle mehrmals über die Brennnesseln ausrollen, bis die Brennhaare nicht mehr vorhanden sind.

2) Danach die Brennnesseln klein schneiden und auf 4 verschiedene Teller verteilen.

3) Als nächstes die Wassermelone und den veganen Fetakäse in kleine mundgerechte Stücke schneiden und gleichermaßen auf den Salat dekorieren.

4) Nun nur noch das Rapskernöl als Dressing über den Salat geben.

Lassen Sie sich den nahrhaften und schön anzusehenden Salat gut schmecken.

Heldenhafte Brennnessel-Röllchen als Wraps

Zutaten für 2 Personen

4 Wraps
200 g veganen Frischkäse
4 Knoblauchzehen
1 Zwiebel
1-2 Händevoll Brennnessel
Kokosöl
Salz, Pfeffer

Die Wraps können warm wie kalt genossen werden. Die Füllung kann alternativ auch als Aufstrich oder Dip genutzt werden. Eine weitere Variante ist mit Pfannkuchenteig möglich.

Zubereitung (30 min)

1) Die Zwiebel und die Knoblauchzehen schälen, fein schneiden und in der Pfanne mit Kokosöl andünsten.

2) Dann die Brennnessel mit Handschuhen und Schere in die Pfanne reinschneiden und mit abgedecktem Deckel ein paar Minuten dünsten.

3) In der Zwischenzeit den veganen Frischkäse in den Mixer füllen. Sobald die Brennnessel gar ist, alles aus der Pfanne gleichermaßen mit etwas Salz und Pfeffer in den Mixer geben und pürieren.

4) Nun die pürierte Masse auf die Wraps verteilen, zusammen rollen und mit Zahnstochern fixieren.

5) Wenn Sie die Wraps warm geniessen möchten, für ein paar Minuten bei 150 Grad in den Backofen geben.

*Zum reinlegen lecker:
genießen Sie nun die wunderbaren Wraps.*

Angelica archangelica

Engelwurz
Engelhafte Gestalt mit Wurzelpower

Was mich ausmacht

Ich gehöre zu den Doldenblütengewächsen und bilde eine weiße Blüte aus. Ich bin eine zweijährige Pflanze und bilde erst in meinem zweiten Jahr eine Blüte und Samen aus. Im ersten Jahr geht meine Kraft in meine Blatt- und Wurzelbildung. Im zweiten Jahr kann ich dann bis zu 1,5 m hoch werden. Mein Stängel ist innen hohl.

Mein Name bedeutet die Engelhafte. Ich werde auch Schutzengel in Pflanzengestalt genannt. In China wird meine einheimische Art als eines der wichtigsten Heilmittel angesehen. Auch meine Blätter können im Salat verzehrt werden oder als Teeaufguss genossen werden.

Was ich kann

Meine Wurzel hat eine große Heilkraft. Ich bin in Zeiten von Pest und Seuchen viel genutzt wurden. Meine Wurzel hat eine stark immunstärkende Wirkung. Ich werde als Tee vorbeugend in der Erkältungs- und Grippezeit getrunken und helfe bei Fieber und grippalen Infekten. Gleichzeitig erwärme ich die Seele und helfe bei Angstzuständen oder Schlaflosigkeit. Zudem bin ich verdauungsfördernd, helfe bei Bauchschmerzen und aktiviere Magen, Galle- und Bauchspeicheldrüse.

Meine Samen

Aus meinen Samen wird ein ätherisches Öl hergestellt. Meine Samen können auch auf einem Spaziergang unterwegs als kleiner Snack für zwischendurch genossen werden.

Meine Wurzel

Meine einjährige Wurzel wird ab Oktober geerntet. Über den gesamten Winter ist eine Ernte möglich, solange es frostfrei ist. Meine Wurzel gilt auch als Allheilmittel.

Heilsame Rezepte

Ein halber Teelöffel meiner Wurzel wird für eine Tasse Tee genutzt. Alternativ kann auch ein Blatt von mir für eine Tasse Tee verwendet werden, deren Wirkung etwas sanfter ist. Ich habe ein angenehmes würziges Aroma.

„Das ganze ist mehr als die Summe seiner Teile." - Aristoteles

Tragopogon porrifolius

Haferwurz
Die Austernknolle

Was mich ausmacht

Ich gehöre zu den Korbblütlern und bin eine zweijährige Pflanze.
Ich bin unproblematisch im Anbau und gehöre zu den Mittelzehrern.
Ich werde von Mitte März bis Ende April ausgesät. Auch meine Blätter können in einem Salat mitgegessen werden. Geschmacklich soll ich ein wenig an Austern erinnern. Mach dir doch selbst ein Bild und probiere mich einfach. Allerdings findet man mich kaum im Handel. Ich bin jedoch über Saatgut leicht auszusäen und keime recht schnell. Vor allen Dingen mögen mich keine Schnecken.

Was ich kann

Ich enthalte Kalium, Calcium, Magnesium und Inulin. Ich bin sehr gut geeignet für Diabetiker. Ich bin harntreibend, blutreinigend und krampflösend. Ich helfe bei Bluthochdruck, Diabetes und Verstopfung. Meine gesundheitliche Wirkung erziele ich als Nahrungsmittel.

Meine Samen

Wenn meine Wurzel über den Winter stehen bleibt, setze ich im nächsten Jahr schöne lila Blüten an, aus denen meine Samen sich bilden.

Meine Wurzel

Ich bin ein Liebhabergemüse für Feinschmecker und werde ab Oktober bis in den Winter hinein geerntet. Nach einer Frostnacht wird mein Geschmack noch intensiver und süßer. Mein Geschmack erinnert an Austern.

„Wenn Du traurig bist,
such Dir einen Baum."
– Indianisches Sprichwort –

Mein Tipp:
Ernten Sie mich,
bevor ich Blüten
ansetze. Meine
Wurzel wird
holzig, wenn ich in
die Blüte komme.

Herbstlicher Kartoffelsalat mit Haferwurz

Zutaten für 2-3 Personen

600 g Kartoffeln
300 g Hokkaido
150 g Haferwurz
1 rote Beete
1 rote Zwiebel

Dressing

100 ml Wasser
3 EL Rapskernöl
1 TL Gemüsebrühe
1 TL Senf
4 EL Holunderblütenessig (oder einen ähnlichen Essig)
Schnittlauch
Salz
Pfeffer

Zubereitung (50 min)

1) Die Kartoffeln gut waschen, in kleine bissgerechte Stücke schneiden und dann ca. 15 Minuten kochen lassen. Wenn die Kartoffeln gar sind, das Wasser abgießen, die Kartoffeln abdampfen lassen, in eine Salatschüssel füllen und einen Teller drauf legen, damit die Kartoffeln warm bleiben.

2) Als nächstes die Zwiebel schälen und klein schneiden. Anschließend die Zwiebel in einer Pfanne mit Rapskernöl andünsten.

3) Jetzt wird das Dressing zusammengerührt mit 100 ml Wasser, der Gemüsebrühe, Senf, Öl und dem Essig und noch ein wenig nachwürzen mit Salz und Pfeffer. Das Dressing wird gemeinsam mit den Zwiebeln im Anschluss auf die Kartoffeln gegeben, damit die Kartoffeln mit dem Dressing durchziehen können.

4) Danach wird der Kürbis und die rote Beete in kleine Stücke geschnitten und wiederum in einer Pfanne mit Öl ein paar Minuten angedünstet. Der gewaschene Haferwurz kann gleichzeitig in der Pfanne mitgedünstet werden. Wenn der Kürbis, die rote Beete und der Haferwurz bissfest sind, werden sie zu den Kartoffeln gegeben und gut durchmischt.

5) Das ganze wird dann noch mit klein geschnittenem Schnittlauch serviert.

Der herbstliche Kartoffelsalat kann warm genauso genossen werden wie kalt.

Tipp:
Ich nutze super gerne Holunderblütenessig von der Ölmühle Solling. Die Essige und Öle haben eine ausgezeichnete Qualität.

Gebratene Reisnudeln
mit Haferwurz

Zutaten für 2-3 Personen

6-8 Haferwurzeln
200 g Reisnudeln
4 Knoblauchzehen
1 große Zwiebel
2 rote Chilis
2 Möhren
2 Paprika
200 g Grünkohl oder Spinat
ggf. ein paar Erdnüsse
200 g Tofu
4 EL Sojasauce
2 EL Zitronensaft
6 EL Kokosöl
Salz
Petersilie zum Bestreuen

Zubereitung (40 min)

1) Als erstes werden der Knoblauch und die Zwiebel geschält und zusammen mit der Chili fein geschnitten.

2) In einer Pfanne mit Kokosöl werden jetzt Knoblauch, Zwiebeln und Chili ca. 5 Minuten angedünstet.

3) In der Zwischenzeit werden die Möhren, der Spinat und die Paprika gewaschen. Die Möhren werden in kleine Stifte und die Paprika in kleine quadratische Stücke geschnitten.

4) Die Zitrone wird halbiert, ausgedrückt, bis ca. 2 EL Limettensaft vorhanden sind.

5) Nach ca. 5 Minuten werden die Möhren, Paprika, Sojasauce und Zitronensaft dazu gegeben.

6) Die Reisnudeln werden jetzt in einen Topf mit Salzwasser gegeben und kurz vor gar gekocht und dann von der Herdplatte genommen.

7) Der Tofu wird in quadratische Stücke geschnitten.

8) Jetzt die garen Reisnudeln abgießen und mit dem Tofu, Spinat und den Erdnüssen in den Topf mit den Möhren und Paprika hinzugeben und ein paar Minuten mit erhitzen.

9) Zum Schluss wird ggf. noch mit Salz abgeschmeckt und die Gerichte mit Petersilie verziert.

Indisches Haferwurzel-Korma

Zutaten für 2-3 Personen

200 g Haferwurzel
300 g Topinambur
100 g Basmatireis
3 Möhren
2 EL Cashewkerne
1 EL Cashewmus
50 g Erbsen
100 ml Pflanzensahne
1 Stück Ingwer, ca. 6 cm
2 Knoblauchzehen
2 Zwiebeln
Kardamon
1 TL Koriander
4 EL Kokosöl
½ TL Kurkuma
½ TL Muskatnuss
½ TL Curry
1 Zimtstange
¼ TL Pfeffer
Salz

Zubereitung (45 min)

1) Zuerst die Zwiebeln, den Knoblauch und den Ingwer schälen und fein schneiden.

2) Das Kokosöl in einem Topf erhitzen und die Zwiebel, den Knoblauch und den Ingwer und die Gewürze (Kurkuma, Muskatnuss, Koriander, Kardamom, Zimt, Pfeffer und Salz) ca. 3 Minuten andünsten.

3) Jetzt den Cashewmus in den Topf hinzufügen und 50 ml heißes Wasser einrühren und einmal aufkochen lassen.

4) In einem zusätzlichen Topf den Basmatireis aufsetzen und kochen lassen.

5) In der Zwischenzeit die Möhren und den Topinambur säubern, klein schneiden und in der Cashewsoße ca. weitere 10 Minuten köcheln lassen. Nach 5 Minuten die gefrorenen Erbsen und die Pflanzenmilch hinzufügen.

6) Währenddessen die Cashewkerne und den Haferwurz in einer Pfanne ein paar Minuten anrösten und in das Korma hinzufügen.

7) Sobald der Reis fertig ist, wird das Wasser abgegossen und in das Haferwurz-Korma untergerührt und serviert.

Lassen Sie sich nun von diesem köstlichen Gericht verzaubern und genießen Sie in vollen Zügen das Wurzel-Korma.

Sonnige Currylinsen mit Haferwurz

Zutaten für 2 Personen

150 g Haferwurz
200 g gelbe Linsen
1 rote Paprika
2 Knoblauchzehen
1 TL Curry
½ TL Kurkuma
½ TL Tomatenmark
2 Stängel Petersilie
1 EL Kokosöl
4 Tassen Wasser
½ TL Gemüsebrühe
Salz
Pfeffer

Zubereitung (30 min)

1) Zuerst den Knoblauch schälen, fein schneiden und in einem Topf mit Kokosöl ca. 5 Minuten andünsten.´

2) Zwischendurch die Paprika waschen und klein schneiden.

3) Dann die gelben Linsen mit Wasser und Gemüsebrühe in den Topf fügen und ca. 10 Minuten lang köcheln. Nach 5 Minuten köcheln die Paprika, den Haferwurz, das Curry,´Kurkuma und das Tomatenmark hinzufügen.

4) Jetzt die Petersilie klein schneiden und zur Seite stellen.

5) Sobald die Linsen gar sind, mit Salz und Pfeffer abschmecken und die Petersilie über das Gericht streuen.

Fertig ist ein sonniges Gericht, das von innen wärmt.

Traumhafte Gemüsebällchen
mit Dip und Haferwurz

Zutaten für 2 Personen

100 g Blattspinat
200 g rote Linsen
1–2 Karotten
200 g Haferwurz
1 TL Gemüsebrühe
1/2 TL Paprika
2 EL Leinsamen
2 EL Rapskernöl

Dip

50 ml Sojadrink
1 EL Senf
1 Biozitrone
Salz, Pfeffer
100 ml Rapsöl
2 Knoblauchzehen

Zubereitung (50 min)

1) Den Spinat klein schneiden.

2) Die Linsen in einen Topf mit heißem Wasser geben und ca. 10 Minuten kochen lassen.

3) Die Karotten waschen und raspeln.

4) 100 ml Wasser in eine Schüssel geben, die Gemüsebrühe und Paprika hinzufügen. Den klein geschnittenen Spinat, die abgekühlten Linsen und die geraspelten Karotten dazugeben und gut vermischen.

5) Aus der Mischung werden nun kleine Bällchen geformt und auf einem mit Backpapier ausgelegten Backblech gelegt und noch etwas mit Olivenöl beträufelt.

6) Dann ca. 20-30 Minuten im Backofen bei 180 Grad backen.

7) In der Zwischenzeit werden alle Zutaten des Dips in einen kleinen Mixer gegeben und solange verrührt bis es eine angenehme Dip-Konsistenz hat.

8) Der Haferwurz wird nun ca. 5 Minuten in einer Pfanne mit Öl angedünstet.

9) Die Gemüsebällchen werden jetzt mit dem Dip und den Haferwurzeln serviert.

Nun können Sie in einem traumhaften Gericht schwelgen.

Bezaubernder Couscoussalat
mit Feigen und Haferwurz

Zutaten für 2 Personen

130 g Couscous
70 g getrocknete Feigen
1 gelbe oder rote Paprika
1 rote Zwiebel
1 Knoblauchzehe
Rapskernöl
Schnittlauch
frischer Koriander (alternativ 1 TL Koriander)
1/4 TL Zimt
4 EL Zitronensaft
Salz
Pfeffer
Kokosöl

Zubereitung (30 min)

1) Den Couscous in eine Schale geben und mit der angegebenen Menge (laut Packung) heißen Wasser übergießen und ausquellen lassen.

2) Die Zwiebel und den Knoblauch schälen, klein schneiden und in der Pfanne mit Kokosöl andünsten.

3) Die Paprika und die Feigen in kleine Würfel schneiden und in die Pfanne hinzufügen.

4) Das Dressing aus dem Rapskernöl, Zitronensaft, Zimt, Salz und Pfeffer zusammenrühren und alle Zutaten mit dem Dressing und dem Couscous gut verrühren.

5) Zum Schluss den Haferwurz ebenfalls in der Pfanne mit dem Kokosöl andünsten und auf den Couscous geben.

Jetzt lassen Sie sich von dem leckeren Couscoussalat mit Haferwurz bezaubern.

Arcticum lappa

Klette

Einheimische Kraftwurzel mit Bärenkräften

Was mich ausmacht

Ich gehöre zu den Korbblütengewächsen und bilde eine lila Blüte aus. Ich bin eine zweijährige Pflanze. Die meisten von euch kennen mich aus der Kindheit. Mit meinen runden, ein bisschen stacheligen Samenkugeln wurde sich gerne beschmissen. Meine einzelnen Samen sind dann in den Haaren oder Kleidern hängen geblieben und ließen sich nur schwer entfernen.

Was ich kann

Der Ölauszug aus meiner Wurzel ist recht bekannt und hilft bei trockenen oder schuppigen Stellen der Kopfhaut. Zudem ist mein Öl anregend bei Haarausfall. Meine Wurzel kann aber noch viel mehr. Ich bin blutreinigend und entgiftend. Ich helfe auch bei Magen- oder Darmbeschwerden als auch bei Leber- oder Nierenleiden. Weiterhin bin ich eine große Hilfe bei Hautkrankheiten.
Zudem punkte ich mit meinen Bitterstoffen, die auch in meinen Blättern enthalten und essbar sind. Wer gerne Bitterstoffe mag, kann mich als Snack verzehren.

Meine Samen

Mit meinen Samenstacheln klette ich mich gerne in das Fell von Tieren, die dann für meine Verbreitung sorgen.

Meine Wurzel

Meine Wurzel wird idealerweise im 1. Jahr im Herbst geerntet.

Heilsame Rezepte

Als Tee zur Blutreinigung, zur Anregung der Gallen-und Lebertätigkeit oder bei Hauterkrankungen

Ich werde als Kaltwasserauszug hergestellt. Das heißt, für einen ¼ l Tee wird ein 2-3 cm großes Wurzelstück 5 Stunden in kaltes Wasser eingelegt. Danach wird der Tee für 1 Minute lang gekocht und anschließend abgeseiht. 3 Mal täglich eine Tasse von dem Tee trinken.

Kletten-Hot-Shot

Wenn Sie einen Entsafter haben, können Sie ein großes Blatt von mir entsaften und in einem Schnapsglas in einem Schluck zu sich nehmen. Ihr Magen-/Darmbereich wird vor Freude Purzelbäume schlagen.

„Blumen sind das Lächeln der Erde."
– Ralph Waldo Emerson –

Allium sativum

Knoblauch
Die Wunderknolle

Was mich ausmacht

Ich gehöre zu den Lauchgewächsen. Ich enthalte die Vitamine A, B und C als auch Kalium und Selen. Als Heilmittel habe ich bereits eine jahrhundertealte Tradition. Ich bin gleichzeitig ein wunderbares Stärkungsmittel.

Was ich kann

Ich habe viele gesundheitsfördernde Eigenschaften. Ich halte Blut, Herz und Gefäße gesund und habe eine stabilisierende Wirkung auf den Blutdruck, Zucker und den Cholesterinspiegel. Weiterhin kann ich Blutgerinnseln, Thrombosen und Schlaganfällen vorbeugen, ich halte die Gefäße geschmeidig. Zudem habe ich durch mein Allicin eine antibakterielle, antivirale und pilztötende Wirkung. Ich bin damit ein natürliches Antibiotikum und helfe bei Blasenentzündungen. Darüber hinaus wirke ich kräftigend bei Schwächezuständen und reguliere die Darmflora. Bereits 1989 wurde ich aus diesen Gründen als Heilpflanze des Jahres gewählt.
Habe ich eigentlich schon gesagt, dass ich eine Mega-Kraftknolle bin?

Früher wurden bei den kleinsten Anzeichen einer Epidemie in jedem Zimmer des Hauses meine Zehen zerdrückt.

Heilsame Rezepte

Absud aus Knoblauchzehen bei hohem Blutdruck, Gicht, Arthritis

Nehmen Sie eine Knoblauchzehe von mir, setzen Sie 1 Liter mit heißem Wasser für einen Tee auf. Davon trinken Sie 3 Tassen täglich.

Blasenentzündung

Ich bin bei Blasenentzündungen sehr wirksam, auch wenn das gleich beschriebene Vorgehen eher unbekannt ist. Meine Zehe wird bei einer Blasenentzündung innerlich wie ein Zäpfchen genutzt. Durch meine Zehe wird ein Faden gezogen und verknotet und dann werde ich wie ein Tampon in den Scheideneingang eingeführt. Hier werde ich über 3-5 Stunden gelassen und nach dieser Zeit wieder entfernt. Meine Inhaltsstoffe setzen sich dann frei und machen der Blasenentzündung den Garaus. Den Vorgang können Sie am nächsten Tag nochmal wiederholen oder alternativ über Nacht wirken lassen.

Fußpilz

Bei einem Fußpilz schneiden Sie eine frische Scheibe von mir ab und reiben die feuchte Scheibe auf die betroffene Stelle 2 x täglich über ein paar Tage.

Insektenstiche

Ich helfe bei Insektenstichen, wenn eine Scheibe von mir auf den Stich gelegt wird. Das funktioniert auch mit meinem Kollegen der Zwiebel. Dadurch wird der Schmerz gelindert und gleichzeitig werden Entzündungen verhindert.

Lungenentzündung

Bei einer beginnenden Lungenentzündung hilft meine Knoblauchmilch, das heißt mein Saft wird ausgedrückt.

Verdauungsfördernd bei Verstopfung

Geriebenen Apfel mit einer fein geriebenen Zehe von mir vermengen. Das ist lecker und wirkt sich positiv auf die Verdauung aus.

Zahnschmerzen

Bei Zahnschmerzen werde ich fein gerieben und in oder an den schmerzenden Zahn gegeben. Dann lindere ich den Zahnschmerz.

„Die Natur ist die beste Apotheke." – Sebastian Kneipp

Kräftige Knoblauchsuppe

Zutaten für 3 Personen

10 Knoblauchzehen
500 g Tomaten
Kokosöl
1 Liter Gemüsebrühe
ggf. Thymian, Petersilie
Salz
Pfeffer

Zubereitung (30 min)

1) Die Knoblauchzehen klein schneiden und in Kokosöl glasig dünsten. Dann die klein geschnittenen Tomaten mit in die Pfanne hinzugeben und 2-3 Minuten mitdünsten.

2) Als nächstes 1 Liter Gemüsebrühe hinzugeben und die Brühe 10 Minuten köcheln lassen.

3) Jetzt noch abschmecken mit Salz und Pfeffer.

4) Wenn Sie mögen, können Sie auch noch weitere Kräuter wie Thymian, Rosmarin oder Petersilie hinein geben ...

Lassen Sie sich diese kräftige Gesundheitssuppe gut schmecken.

Lieblingsrezepte - Wurzelapotheke

Anti-Erkältungsbrot

Zutaten für 1 Person

1 Scheibe Brot
2 TL Agavendicksaft
2 Knoblauchzehen
2 frische Thymianzweige

Zubereitung (10 min)

1) Das Brot mit Margarine und Agavendicksaft bestreichen.

2) Den Knoblauch in feine Scheiben schneiden und auf das Brot verteilen.

3) Die Blätter vom Thymian abzupfen und über das Knoblauch-Agavendicksaft streuen.

Auch wenn es kaum zu glauben ist, das Brot schmeckt richtig lecker und hat zudem noch eine immunstärkende Wirkung. Probieren Sie es einfach mal aus.

Stachys affinis

Knollenziest

Vergessene Feinschmecker-Knolle

Was mich ausmacht

Ich bin in Europa der einzige Lippenblütler, der als Gemüse angebaut wird. Ich bin auch durch meine besondere Form einzigartig. Ich habe perlschnurartige Einbuchtungen. Da ich absolut winterhart bin, kann man meine Knollen schon im Herbst setzen. Dann treibe ich bereits im März mit meinem Grün aus. Wenn einige meiner Knollen im Winter stehen gelassen werden, ist die Ernte für das nächste Jahr gesichert. Alle 3 Jahre möchte ich gern ein neues Beet erkunden.

Was ich kann

Ich habe reichlich Vitamin C, Kalium und Calcium. Durch meinen Stärkegehalt bin ich ein Super-Energielieferant und sehr eiweißreich. Mein Inhaltsstoff Stachyose zählt zu den Präbiotika. Das heißt, ich bin ein Lieblingsnahrungsmittel von den guten Darmbakterien und stärke damit die Darmflora und das Immunsystem. Ich gehöre zu den gesündesten Gemüsearten unserer Erde und mache auch Würmern den garaus und schütze gleichzeitig den Darm.
Bei den Germanen war ich übrigens als Heilkraut bekannt.

Meine Wurzel

Ich habe rillenartige, elfenbeinige Knöllchen, die an Spiralnudeln erinnern. Ich kann vom Herbst bis in das Frühjahr geerntet werden. Ich habe einen leckeren, leicht nussigen Geschmack, der zwischen Schwarzwurzel und Artischocke liegt und bin sehr knackig. In Frankreich werde ich in Feinschmeckerlokalen unter dem Namen „Crosne du japon" sehr geschätzt. Ich bin also ein echtes Gourmetgemüse. Mich kann man aber nicht lange lagern, wenn ich geerntet wurde, da das Wasser in meiner Knolle verdunstet und ich dann klein und schrumpelig werde. Das heißt, wenn ich geerntet wurde, möchte ich auch genossen werden. Ich werde gut abgewaschen aber nicht geschält.

Da ich keine so großen Erträge habe, wie z.B. Schwarzwurzel oder Petersilienwurzel, bin ich für den gewerbsmäßigen Anbau nicht so interessant und gelte immer noch als echter Geheimtipp.

„In den kleinsten Dingen zeigt die Natur die allergrößten Wunder."
– Carl von Linné –

Erdiges Kartoffel-Erbsencurry
mit Knollenziest

Zutaten für 3-4 Personen

800 g Kartoffeln
250 ml Wasser
200 g Knollenziest
1 Mango
1 Packung gefrorene Erbsen
4 Knoblauchzehen
2 große Zwiebeln
2 TL Senfkörner
1 TL Curry
½ TL Chili
1 TL Ingwer
1 TL Kreuzkümmel
Salz
Pfeffer
Kokosöl

Zubereitung (45 min)

1) Zuerst die Zwiebeln und den Knoblauch klein schneiden und mit den Senfkörnern in einem Topf mit dem Kokosöl andünsten.

2) Dann die Kartoffeln waschen und in ca. 2 cm große quadratische Stücke schneiden und mit allen Gewürzen und dem Wasser zusammen in den Topf mit den Zwiebeln und dem Knoblauch geben und ca. 15 bis 20 Minuten leicht köcheln lassen. In den letzten 10 Minuten noch die aufgetauten Erbsen hinzufügen.

3) Zum Schluss noch die Mango schälen und in kleine Stücke schneiden und in einem Mixer mit etwas Wasser pürieren und anschließend im Curry unterrühren.

4) Als letztes den Knollenziest waschen und in einer Pfanne mit Kokosöl etwa 5 Minuten lang andünsten und im Anschluss auf das Curry geben.

Lassen Sie es sich schmecken mit einem königlichen Knollenziestcurry!

Leichte Sojanudeln
mit Lauchgemüse und Knollenziest

Zutaten für 2-3 Personen

1 Packung Sojanudeln
2 große Lauchstangen
150 g Knollenziest
1 große Zwiebel
3 Knoblauchzehen
1-2 TL Curry
2-3 EL Sojasauce Shoyu
Kokosöl
Salz
Pfeffer

Zubereitung (40 min)

1) Als erstes die Zwiebel und den Knoblauch schälen, klein schneiden und im Topf mit Kokosöl andünsten.

2) Danach den Porree waschen, klein schneiden und mit in den Topf geben.

3) Dann die Sojasauce, den Curry und etwas Wasser hinzufügen. Das ganze etwa 5 Minuten köcheln lassen.

4) In der Zwischenzeit in einem weiteren Topf heißes Wasser aufsetzen. Sobald das Wasser kocht, die Sojanudeln für ca. 3 Minuten hinzugeben. Sobald die Nudeln gar sind, das Wasser abgießen.

5) Die Sojanudeln nun in den anderen Topf umfüllen und mit dem Porree unterrühren.

6) Zwischenzeitlich den Knollenziest waschen und in einer Pfanne mit Kokosöl für ca. 5 Minuten andünsten.

7) Wenn der Knollenziest fertig ist, kann das Gericht serviert werden. Auf jeden Teller mit Sojanudeln und Porree kommen ca. 10 Knollenziestwurzeln.

Ich wünsche allen einen königlichen Genuss!

Knuspriger Kichererbsenreis
mit Möhrengemüse, Shitake und Knollenziest

Zutaten für 2-3 Personen

250 g Kichererbsenreis
2 große Möhren
150 g Shiitake-Pilze
150 g Knollenziest
1 große Zwiebel
3 Knoblauchzehen
Sojasauce
1-2 TL Curry
Kokosöl

Zubereitung (45 min)

1) Zuerst die Zwiebel und den Knoblauch schälen, klein schneiden und in einem Topf mit Kokosöl andünsten.

2) Als nächstes die Möhren und die Shiitake-Pilze waschen und klein schneiden.

3) Danach wird der Kichererbsenreis in einem Topf mit Wasser aufgesetzt und ca. 10 Minuten gekocht.

4) In der Zwischenzeit werden die klein geschnittenen Möhren und Shiitake-Pilze in den Topf mit Zwiebeln und Knoblauch gegeben und ca. 5-10 Minuten mit gegart. Jetzt wird sowohl die Sojasauce und ein wenig Wasser hinzugefügt als auch das Currypulver.

5) In einer Pfanne mit Kokosöl wird nun der Knollenziest ein paar Minuten angebraten.

6) Wenn der Kichererbsenreis fertig ist, wird das überschüssige Wasser abgegossen und der Reis zu dem bereits fertigen Gemüse gegeben. Der Knollenziest kommt als Krönung oben auf die Gemüse-Reis-Pfanne.

Eine besondere Genussreise - lassen Sie es sich nun königlich schmecken.

Red-lentil-Spaghetti
mit Sauce Bolognese und Knollenziest

Zutaten für 2 Personen

250 g Packung Rote-Linsen-Spaghetti
1 große Möhre
200 g Zucchini
100 g Knollenziest
1 große Zwiebel
3 Knoblauchzehen
250 g Passata
Kokosöl
Salz
Pfeffer
1 TL Paprikapulver

Zubereitung (40 min)

1) Zuerst die Zwiebel und die Knoblauchzehen schälen, fein schneiden und in einer Pfanne mit Kokosöl andünsten.

2) Danach die Möhre und die Zucchini waschen, raspeln und in die Pfanne mit der Passata hinzufügen und ca. 10 Minuten köcheln lassen.

3) In der Zwischenzeit die Red-Lentil-Spaghetti in einem Topf mit heißem Salzwasser aufsetzen und ca. 10 Minuten köcheln lassen.

4) Wenn das Gemüse in der Pfanne gar ist, mit Salz, Pfeffer und Paprika abschmecken.

5) Nun in einer weiteren Pfanne mit Kokosöl den gewaschenen Knollenziest ca. 5 Minuten lang andünsten und dabei immer wieder wenden.

6) Danach können die Spaghettis mit der Sauce bolognese und dem Knollenziest serviert werden.

Genießen Sie nun Ihr besonderes Gourmetgemüse aus dem Reich der Wurzeln.

Discorea batata

Lichtwurzel

Yamswurzel aus China

Was mich ausmacht

Ich bin eine einjährige Kletterpflanze und gehöre zu den Yamswurzelgewächsen. Meine Wurzel wird bis zu einem Meter lang. Ich habe herzförmige Blätter, die mit roten Blattadern durchzogen sind. Zudem sind meine Blätter essbar und können einen Salat bereichern.

Was ich kann

Ich bin als Nahrungs- und Heilpflanze bekannt. Ich bin zum Beispiel eine Wohltat für Herz- und Kreislauf als auch für die Arterien, die ich elastisch halte. Laut Rudolf Steiner binde ich den Lichtäther in meiner Wurzel. Ich stärke somit die geistige und körperliche Gesundheit. Nach dem Verzehr fühlt man sich häufig wacher und heller. Meine Wurzel wirkt entwässernd, appetitanregend, blutzuckersenkend und verdauungsfördernd. Ich helfe auch bei Wechseljahresbeschwerden.

Meine Samen

Meine Vermehrung erfolgt über Sprossknöllchen, die auch Bulbillen genannt werden, die im Herbst an meinen Blattachseln wachsen. Meine Bulbillen können ab Februar im Haus vorgezogen werden und nach den Eisheiligen nach draußen in die Erde gepflanzt werden. Vorteilhaft ist es, wenn ich in ein Hochbeet gepflanzt werde. Dann ist die Ernte meiner Wurzel einfacher.

Meine Wurzel

Ich werde ab Mitte November in Handarbeit geerntet. Im Frühling wird mein Sprössling eingepflanzt. Ratsam ist, mich im Haus ab Februar vorzuziehen. Obwohl ich Lichtwurzel heiße, möchte ich nicht immer der direkten Sonneneinstrahlung ausgesetzt sein, wenn ich ins Hochbeet eingepflanzt werde. Ein halbschattiger Platz ist ideal für mich. Wenn Sie nur ein Plätzchen in der direkten Sonne für mich habe, schützen Sie mich mit einem Tuch. Wenn Sie mich bei der Ernte im Herbst in Papier einschlagen und kühl aufbewahren, können Sie bis in den April an mir Freude haben. Wenn Sie eine Scheibe meiner Wurzel abschneiden, bin ich etwas schleimig. Wenn Sie mich dann aber in der Pfanne andünsten und zubereiten, verliert sich der etwas schleimige Charakter und ich bin angenehm bissfest.

„Der *Grüne Daumen* besteht aus Aufmerksamkeit und Zuwendung."
- Anke Maggauer-Kirsche, deutsche Lyrikerin -

Heilsame Rezepte

Anwendung bei Fußpilz

Bei Fußpilz machen Sie ein Fußbad mit mir. Das heißt, Sie nehmen 2-3 Scheiben von mir in eine Schüssel/Eimer mit heißem Wasser (wie ein Tee). Jetzt lassen Sie meine Wurzel im Wasser, bis es angenehm handwarm ist. Ihre Füße sollten dann ca. 15 Minuten das Fußbad genießen. Lassen Sie Ihre Füße anschließend ruhig an der Luft trocknen.

Tee

Ich bin auch als Tee genießbar. Für eine Tasse Tee wird eine Scheibe von mir abgeschnitten und ca. 5-10 Minuten im heißem Wasser ziehen lassen. Genauso können meine Blätter (2 Blätter für eine Tasse Tee) auch als Tee aufgesetzt werden.

Bulbillen

Nussiges Bulgurgemüse mit Lichtwurzeln

Zutaten für 2 Personen

200 g rote Kidneybohnen (12 Stunden einweichen)
150 g Bulgur
60 g Lichtwurzel
1 Lauchstange
100 g gehackte Mandeln
1 Zwiebel
50 ml Wasser
3 EL Kokosöl
2 EL Sojasauce
1 TL Has el Hanout
Salz
Pfeffer

Zubereitung (70 min + Einweichzeit)

1) Als erstes werden die Kidneybohnen in einem Topf mit Salzwasser ca. 60-90 Minuten gekocht bis sie bissfest sind.

2) In der Zwischenzeit werden die Zwiebel und die Knoblauchzehe geschält und mit der Lauchstange fein geschnitten und in einem Topf mit Kokosöl ca. 5 Minuten angedünstet.

3) Danach wird der Bulgur in einem 2. Topf mit Salzwasser ca. 10-12 Minuten geköchelt.

4) Im Anschluss wird der Bulgur mit etwas Wasser, Sojasauce und dem Has el Hanout in den Topf mit den Zwiebeln, dem Knoblauch und dem Lauch gegeben, ca. 5 Minuten köcheln lassen. Sobald die roten Bohnen gar sind, werden diese mit den gehackten Mandeln in der Gemüsepfanne vermengt.

5) Jetzt wird die Lichtwurzel geschält und in dünne Scheiben geschnitten. In einer weiteren Pfanne wird die Lichtwurzel mit Kokosöl jeweils für eine Minute auf jeder Seite angedünstet.

6) Die Lichtwurzeln kommen als letztes auf die Gemüsepfanne.

Ich wünsche Ihnen einen besonderen Genuss bei diesem lichtvollen Gemüsegericht.

Lieblingsrezepte - Hochsaison für Wurzeln

Lauwarmer Buchweizen-Lichtwurzel Coleslaw

Zutaten für 2-3 Personen

150 g Rotkohl und Weißkohl
100 g Buchweizen
150 g Lichtwurzel
1-2 Karotten
1 Apfel

Dressing

5 EL Rapskernöl
1 TL süßen Senf
1 TL Zitrone
Salz
Pfeffer

Zubereitung (40 min)

1) In einem Topf mit Wasser wird der Buchweizen aufgekocht und dann noch 10 Minuten leicht geköchelt. Danach wird der Buchweizen in einem Sieb abgegossen und mit kaltem Wasser abgeschreckt.

2) Der Weiß- und Rotkohl als auch die Karotten werden geraspelt und der Apfel wird in kleine Stücke geschnitten.

3) Jetzt wird das Dressing zusammengerührt und mit allen Zutaten vermischt. Das ganze sollte abgedeckt 10 Minuten ziehen.

4) Zum Schluss wird noch die in Scheiben geschnittene Lichtwurzel für einige Minuten in der Pfanne mit Kokosöl gedünstet und dann auf dem Coleslaw serviert.

Ein Gericht, dass Sie auch den nächsten Tag noch freudvoll mit zur Arbeit nehmen können.

Bunte-Beete-Reis
mit Lichtwurzeln und roten Johannisbeeren

Zutaten für 2 Personen

100 g Rote-Linsen-Reis
100 g Johannisbeeren
1 große rote Beete
1 große gelbe Beete
1 Paprika
1 kleine Zwiebel
Petersilie
1 EL rotes Palmöl, wenn vorhanden, ansonsten Kokosöl

Dressing

4 EL Rapskernöl
1 EL Holunderblütenessig (oder der Essig, der im Haus ist)
1 TL Agavendicksaft
1 TL Senf
Zitronenschale
Salz
Pfeffer

Zubereitung (40 min)

1) Als erstes den Reis in einem Topf mit heißem Wasser ca. 10 Minuten köcheln lassen.

2) In der Zwischenzeit die rote und gelbe Beete waschen, in kleine Stücke schneiden und für 5 Minuten in einem Topf mit heißem Wasser köcheln lassen.

3) Danach die Paprika waschen und in kleine Stücke schneiden.

4) Die Zwiebel schälen und fein schneiden.

5) Das Dressing mit Rapskernöl, Holunderblütenessig, Agavendicksaft, Senf, etwas abgeriebener Zitronenschale, Salz und Pfeffer anrühren.

6) Nun wird noch die Lichtwurzel in dünne Scheiben geschnitten und in der Pfanne mit Kokosöl angebraten.

7) Die Johannisbeeren waschen und abzupfen.

8) Wenn der Reis gar ist, alle Zutaten in eine Salatschüssel geben und vermischen. Zum Schluss wird das Dressing dazugegeben und gut verrührt und die angebratenen Lichtwurzelscheiben mit den Johannisbeeren auf den Bunte-Beete-Reis-Salat gegeben.

Eine würzig-fruchtige Mischung, die Sie voller Genuss zu sich nehmen können.

Inspirierende Quinoapfanne mit Lichtwurzeln

Zutaten für 2 Personen

120 g roter Quinoa
2 rote Paprika
1 Brokkoli
1 Zwiebel
1 TL Gemüsebrühe
200 g Lichtwurzel

Dressing

5 EL Rapskernöl
2 EL Holunderblütenessig
1 EL Agavendicksaft
1 EL Zitronensaft
½ TL Gemüsebrühe
Pfeffer

Zubereitung (40 min)

1) Als erstes den Quinoa in einem Topf mit Gemüsebrühe einmal aufkochen und dann etwa 10 Minuten köcheln lassen.

2) Als nächstes die Zwiebel schälen, fein schneiden und in Kokosöl andünsten.

3) Dann den Brokkoli und die Paprika waschen, schneiden und zusammen mit der Zwiebel ca. 10 Minuten andünsten, bis der Brokkoli und die Paprika bissfest sind.

4) Für das Dressing alle Zutaten mit dem Schneebesen gut zusammen verrühren.

5) Sobald der Brokkoli und die Paprika fertig sind, vermengt man sie mit dem Quinoa und dem Dressing.

6) Die Lichtwurzel in kleine Scheiben schneiden, mit etwas Öl beträufeln und in die Pfanne geben und ca. 2 Minuten von jeder Seite anbraten bis die Lichtwurzel gar ist.

7) Zum Schluss die Lichtwurzeln auf dem Quinoasalat garnieren und servieren.

Einen herzhaften Appetit bei diesem intensiv-aromatischen Wurzelgericht.

Frischer Lichtwurzel-Kürbiskern-Salat
mit Feldsalat und Tsatziki

Zutaten für 2 Personen

200 g Feldsalat
150 g Lichtwurzel
2 EL Kokosöl
1 Orange
4 EL Kürbiskerne
Weißbrot

Dressing

4 EL Kürbiskernöl alternativ Rapskernöl
2 EL Zitronensaft
1 TL Agavendicksaft
1 TL Senf
geriebene Orangenschale
Salz
Pfeffer

Zubereitung (40 min + Einweichzeit)

1) Den Feldsalat waschen, klein zupfen und in eine Salatschüssel geben.

2) Von der Orange die Schale abreiben für das Dressing. Von der restlichen Orange den Saft auspressen.

3) Den Zitronensaft mit dem Agavendicksaft, dem Kürbiskernöl, der Orangenschale, Senf, Salz und Pfeffer gut verrühren und über den Feldsalat geben. Dann den Feldsalat bereits auf 4 Teller verteilen.

4) Die Lichtwurzel schälen und in Scheiben schneiden.

5) Die Kürbiskerne in eine Pfanne ohne Öl rösten, bis sie leicht braun sind und dann auf die Teller streuen.

6) Die Lichtwurzel nun in eine Pfanne mit Kokosöl geben und ca. 5 Minuten andünsten, bis die Lichtwurzeln bissfest sind.

7) Danach die Lichtwurzelscheiben mit den Orangensaft in der Pfanne ablöschen und mit Salz und Pfeffer würzen.

8) Die Lichtwurzel nun auf dem Feldsalat verteilen und mit den Kürbiskernen bestreuen. Dazu Tzatziki und Weißbrot reichen.

Zutaten für Tzatziki

100 g Cashewkerne (idealerweise über Nacht in Wasser einweichen)
50 g Hanfsamen oder Sesamsamen
½ Gurke
1 große Knoblauchzehe
2 EL Zitronensaft
2 EL Rapskernöl
2 EL Holunderblütenessig
Salz
Pfeffer
Weißbrot

Zubereitung (45 min + Einweichzeit)

1) Die Knoblauchzehe wird klein geschnitten, zerdrückt und gemeinsam zu den Cashewkernen, dem Zitronensaft, dem Rapskernöl und dem Holunderblütenessig in einen kleinen Mixer gegeben und miteinander verrührt.

2) In die cremige Masse wird nun die Gurke rein geraspelt und die Sesamsamen hinzugefügt.

3) Das ganze eine halbe Stunde ziehen lassen und dann servieren.

Genießen Sie nun den frischen aber auch herzhaft-herbstlichen Salat.

Aromatisches Ratatouille
á la Provence mit Lichtwurzeln

Zutaten für 4 Personen

500 g Tomaten
150 g Lichtwurzeln
1 Aubergine
1 Zucchini
1 rote Paprika
1 gelbe Paprika
1 Gemüsezwiebel
4 Knoblauchzehen
5 EL Kokosöl
100 ml Tomatenpassata
100 ml Wasser
1 Stängel Rosmarin
5-6 Stängel Thymian
Salz
Pfeffer
Baguette

Zubereitung (50 min)

1) Zuerst die Gemüsezwiebel und den Knoblauch schälen, klein schneiden und in die Pfanne mit dem Kokosöl geben und ca. 5 Minuten andünsten.

2) In der Zwischenzeit die gewaschene Paprika, Zucchini, Aubergine und die Tomaten in kleine Stücke schneiden und dann in den Topf mit den Zwiebeln und dem Knoblauch zugeben.

3) Das Wasser und die Passata zu dem übrigen Gemüse hinzufügen. Genauso wie Rosmarin und Thymianblättchen als auch das Salz und der Pfeffer.

4) Nun bei geringer Hitzezufuhr ca. 15-20 Minuten köcheln lassen und ggf. nochmal nachwürzen.

5) Währenddessen die Lichtwurzel schälen und in dünne Scheiben schneiden.

6) Die Scheiben der Lichtwurzel in einer Pfanne mit Kokosöl von beiden Seiten ca. 1-2 Minuten anbraten und zum Schluss mit Salz etwas würzen.

7) Die Ratatouille auf einem Teller mit Baguette servieren und die Lichtwurzel auf der Ratatouille drapieren.

Alternativ kann die Ratatouille auch mit Reis oder Rosmarinkartoffeln zubereitet werden.

Seidige Rotkohlsuppe
„Lila Luzy" mit Lichtwurzeln

Zutaten für 4 Personen

1 Rotkohl
1 Apfel
1 rote Zwiebel
3 Knoblauchzehen
100 g Lichtwurzeln
500 ml Gemüsebrühe
100 ml Pflanzenmilch z.B. Hafermilch
3 EL Kokosöl
1 EL Holunderblütenessig
2 Stängel Thymian
Salz
Pfeffer

Zubereitung (45 min)

1) Zuerst die Zwiebel und den Knoblauch schälen und fein schneiden.

2) Danach den Knoblauch und die Zwiebel in einem Topf mit Kokosöl ca. 5 Minuten andünsten.

3) In der Zwischenzeit den Rotkohl in Streifen schneiden und den Apfel in kleine Würfel und mit in den Topf zu der Zwiebel und dem Knoblauch geben.

4) Die Thymianblättchen, die Hafermilch und die Gemüsebrühe hinzufügen und dann die Suppe ca. 20 Minuten köcheln lassen.

5) Währenddessen die Lichtwurzel schälen und in hauchfeine Scheiben schneiden und in einer Pfanne mit Kokosöl ca. 1-2 Minuten von jeder Seite anbraten.

6) Nun die Suppe pürieren und Salz, Pfeffer und Holunderblütenessig unterrühren und abschmecken.

7) Jetzt die Suppe auf die Teller füllen und die Lichtwurzelscheiben rundum auf der Suppe dekorieren.

Fertig ist ein leckeres farbliches Kunstwerk das seinesgleichen sucht.

Taraxacum offcinale

Löwenzahn

In der Wurzel liegt die Kraft

Was mich ausmacht

Ich gehöre zu den Korbblütengewächsen und bin ein Lichtkeimer. Ich bin weit verbreitet und sehr bekannt. Im Frühling verzaubere ich ganze Wiesen mit meinem Teppich. An meinen Blüten und Pusteblumen erfreuen sich Alt und Jung. Aber nur wenige kennen meine außergewöhnlichen Kräfte. Ich habe viele Vitamine, dazu gehören Vitamin C, E und B. Zudem bin ich reich an Mineralstoffen. Eisen und Kalium gehören dazu, genauso wie Spurenelemente wie Zink und Kupfer. Alles von mir ist essbar. Vor allen Dingen passen meine Blätter hervorragend in einen Salat.

Was ich kann

Ich besitze Bitterstoffe, die Verdauungsenzyme und die Gallentätigkeit anregen. Vor allem unterstüze ich mit meinen Bitterstoffen auch die Leber. Ich helfe bei Verdauungsbeschwerden und bin echt eine Super-Verdauungspflanze. Ich helfe dem Darm dabei, Vitamine und Mineralstoffe besser zu verwerten.

Wenn Sie mich als Tee trinken: bin ich entschlackend, entgiftend und blutreinigend und lindere Leber-, Gallen- und Nierenleiden, unterstütze Magen und Bauchspeicheldrüse. Zudem gehören Rheuma und Gicht zu meinem Repertoire. Ich habe auch bei Hautkrankheiten, Geschwüren und Entzündungen erstaunliche Heilkräfte.

Auch mein Stängel ist essbar, auch wenn bei meinem Stängel weißer Milchsaft austritt, bin ich nicht giftig. Sie werden sich an meinem leicht bitteren Geschmack gewöhnen und ihre inneren Organe wie die Bauchspeicheldrüse und Leber werden die innerliche Reinigung lieben. Ich bin ein echter Jungbrunnen für die inneren Organe.

Meine Samen

Über meine „Fallschirmspringersamen" vermehre ich mich.

„Das Äußere einer Pflanze ist nur die Hälfte ihrer Wirklichkeit" – Johann Wolfgang von Goethe –

Meine Wurzel

Ich werde ab Oktober den gesamten Winter geerntet. Meine Wurzel enthält Inulin. Daher bin ich sehr gut für Diabetiker geeignet. Meine Wurzel gilt als Stärkungsmittel.

Ich aktiviere auch die Selbstheilungskräfte und gleiche erhöhte Blutzucker- und Cholesterinwerte aus.

Heilsame Rezepte

Warzen

Mein weißer Milchsaft wird 3 x täglich auf die Warze „geträufelt". Nach einigen Wochen verschwindet die Warze langsam.

Hautprobleme

Bei Hautproblemen wirkt mein Tee Wunder.

Löwenzahntee

1-2 meiner Blätter werden auf eine Tasse mit kochendem Wasser aufgesetzt und 5-10 Minuten ziehen gelassen. 3 x täglich eine Tasse davon trinken.

Löwenzahnpresssaft

Mein Saft ist ein wunderbares Gesundheitselixier. Ich werde morgens eine halbe Stunde vor dem Frühstück auf nüchternen Magen (ein Schnapsglas ist ausreichend dafür) eingenommen.

Hand- und Fußbäder bei Arthritis und Ohrensausen

Nehmen Sie eine gute Handvoll meiner Blätter pro Liter Wasser und 5 Minuten ziehen lassen.

Intensives Löwenzahngelee

Zutaten

ca. 50 Löwenzahnblüten
0,75 l Wasser
0,25 l Bioapfelsaft (alternativ ist dies auch mit Rhabarbersaft möglich und sehr lecker)
100 g Biorohrzucker
1 Biozitrone
Agar Agar

Zubereitung (30 min + Einweichzeit)

1) Die Löwenzahnblüten in Wasser, Apfelsaft und den ausgepressten Zitronensaft 1,5 Tage ziehen lassen. Vorher die Löwenzahnblüten gut ausschütteln, damit keine kleinen Tierchen in die Schale mit Flüssigkeit kommen. Zusätzlich kann man noch 1 Blatt Süßdolde hinzufügen (nicht zwingend notwendig).

2) Nach 1 1/2 Tagen die Löwenzahnblüten durch ein feines Sieb auffangen. Die Flüssigkeit nun mit dem Zucker und dem Agar Agar in einen Topf durch ständiges Rühren erhitzen. Die Masse soll ca. 2-5 Minuten köcheln und kann dann bereits in Gläser abgefüllt werden. Wer mag, kann sie im Kühlschrank erkalten lassen.

Und schon ist ein super leckeres Löwenzahnblütengelee fertig ... Lasst es euch schmecken!

Lieblingsrezepte - In der Küche geht die Sonne auf

wilder Löwenzahnsalat
mit Beeren

Zutaten für 2 Personen

Eine Handvoll Löwenzahnblätter
100 g Heidelbeeren
100 g Johannisbeeren
150 g Brombeeren
Rapskernöl
Agavendicksaft

Zubereitung (15 min)

1) Die Löwenzahnblätter ein-zweimal durchschneiden und auf die Teller verteilen.

2) Dann die Früchte waschen und auf den Tellern dekorieren.

3) Als nächstes das Rapskernöl zusammen mit dem Agavendicksaft auf den Tellern gut dosiert verteilen.

Und schon ist ein leckerer und fruchtiger Wildkräutersalat fertig zum Verzehr.

Armoracia rusticana

Meerrettich

Die scharfe Power-Knolle

Was mich ausmacht

Ich gehöre zu den Kreuzblütengewächsen und bilde eine weiße Blüte aus. Ich bin sehr ausdauernd und winterhart und dadurch eine mehrjährige Pflanze. Mich gibt es in der Wildform und als Gartenwurzelgemüse.
Ich habe viele Namen. In Bayern, Österreich und Südtirol werde ich als Kren bezeichnet. „Krenas" bedeutet übersetzt „weinen". Wer mich schon mal gerieben hat, weiß wie zutreffend diese Bezeichnung ist. Meine Senfölglycoside sind dabei verantwortlich für meinen scharfen Geschmack und den Duft. Ich werde auch „Pferdewurzel" genannt. Dabei ist Pferd aus der Ethologie gleichzusetzen mit „stark" und „groß" und dann passt die Bezeichnung wieder zu mir. Ich bin reich an Kalium, Calcium sowie Magnesium und habe einen hohen Gehalt an Vitamin C sowie viele B-Vitamine.

Meine Wurzel

In meiner Wurzel ist eine sehr große Heilkraft vorhanden. Nicht umsonst wurde ich zur Heilpflanze des Jahres 2021 gekürt.

Was ich kann

Auf Grund meiner entzündungshemmenden Eigenschaften und der starken antiviralen und antibakteriellen Wirkung wurde ich als Heilpflanze des Jahres 2021 ausgezeichnet.
Meine Senföle sind in der Lage, Bakterien, Viren und Pilze in ihre Schranken zu weisen. Daher werde ich auch bei Atemwegs- und Harnwegsinfekten eingesetzt. D.h. ich kann bei Bronchitis, Lungenentzündung, Asthma oder auch Rheuma zum Einsatz kommen. Ich bin zudem harntreibend und kann bei Gicht und Harnsteinen hilfreich sein. Ich bin ein echtes Gesundheitselixier! Zudem sind meine Blätter angenehm würzig und eignen sich als Salatzutat oder auch als Würzmittel. Sie sollten mich unbedingt mal probieren. Ich habe sehr viele Vitamine und mache das Essen auch gleichzeitig besser verdaulich.

Meine Samen

Ich bin über meine Samen vermehrbar. Leichter ist es allerdings, mich über ein Stück meiner Wurzel zu vermehren.

„Lerne von der Geschwindigkeit der Natur:
ihr Geheimnis ist Geduld."

- Ralph Waldo Emerson -

Heilsame Rezepte

Meerrettichauflage bei Stirnhöhlenentzündung, Nasennebenhöhlenentzündung, Ischias, Rheuma und Hexenschuss

Sie nehmen ein ca. 10 cm langes Stück von meiner Wurzel, reiben es fein und geben etwas Wasser hinzu, damit es zu einem Brei wird. Dieser Brei wird jetzt eher dünn auf die Hälfte eines Taschentuchs aufgetragen und zugeklappt. Nun wird es auf die schmerzende Stelle gelegt. Nach spätestens 5 Minuten entfernen, damit die Haut nicht übermäßig davon gereizt wird. Es wird max. 1 x täglich angewandt. Bei Stirnhöhlenentzündungen wird es auf die Stirn und bei Nasennebenhöhlenentzündungen und Kopfschmerzen wird es im Nacken aufgelegt.

Husten und Erkältung

Bei Husten hilft mein Sirup. Meine Wurzel wird geraspelt, davon nehmen Sie 3 EL und geben 5 EL Honig (alternativ Agavendicksaft) dazu und vermengen das ganze. Den verrührten Brei lassen sie 2-3 Stunden ziehen. Dann nehmen Sie 3 x täglich ½ EL davon ein.

Aufguss

Nehmen Sie eine frische halbe Wurzel von mir, in Stücken kleingeschnitten, pro 1 Liter Wasser und lassen die Wurzelstücke 5-7 Minuten ziehen. Davon trinken Sie 2 Tassen täglich.

Lieblingsrezepte - Frischekick für Glücksgefühle

Würziger Salat
mit Meerrettichblättern

Zutaten für 2 Personen (15 min)

Ca. 8 Meerrettichblätter
250 g Himbeeren oder Erdbeeren
200 g Heidelbeeren
Rapskernöl
Agavendicksaft

Zubereitung

1) Die Meerrettichblätter in mundgerechte Stücke schneiden und auf den beiden Tellern verteilen.

2) Danach das Obst waschen und auf die Teller dekorieren.

3) Im Anschluss den Salat mit Rapskernöl und Agavendicksaft beträufelen.

Einfach aber unglaublich lecker.

Oenothera biennis

Nachtkerze

Die Superfood-Wurzel

Was mich ausmacht

Ich gehöre zu den Nachtkerzengewächsen und zeichne mich dadurch aus, dass meine gelbe Blüte auch abends und nachts blüht. Ich bin eine zweijährige Pflanze, die im 2. Jahr in die Blüte kommt. Meine Blüten, Blätter und Wurzeln sind essbar. Meine jungen Blätter eignen sich als Salat oder Spinat. Ich werde auch Schinkenwurz genannt. Das rührt aber nicht daher, dass meine Wurzel wie Schinken schmeckt sondern dass ich früher als „Schinken des armen Mannes" galt, da ich ähnlich eiweißreich bin wie Fleisch.

Was ich kann

Meine Samen werden als Heilmittel für stressbedingte Krankheiten, PMS und Neurodermitis eingesetzt. Auch bei endogenen Ekzem, Ausschläge, MS und brüchigen Nägeln komme ich zum Einsatz. Zudem sind meine Samen ein Entgiftungsmittel und unterstützen die Leber. Gleichermaßen haben meine Samen eine blutdrucksenkende Wirkung und sind bei Unruhezuständen hilfreich.

Meine Blätter helfen bei Durchfall, gelten als blutdrucksenkend und sind hilfreich bei Gicht, Hautproblemen, PMS und Wechseljahresbeschwerden.

Meine Samen

Meine Samen enthalten ungesättigte Öle. Aus mir wird wunderbares Nachtkerzenöl hergestellt, das vor allem die Naturkosmetikindustrie nutzt. Meine Samen kannst du im Herbst ernten. Sie eignen sich hervorragend zum täglichen Bestreuen für einen Obstsalat und haben eine positive Wirkung auf die Haut und damit auch bei Hautproblemen.

Meine Wurzel

Ich habe lange fleischige Pfahlwurzeln und besitze eine stärkende Wirkung. Ich bin sehr vitamin- und nährstoffreich. Wenig bekannt ist, dass man mich auch als Lebensmittel genießen kann. Aber das kann sich jetzt ja ändern … Meine Wurzel wird im Herbst des 1. Jahres oder im Frühjahr des 2. Jahres geerntet bevor ich in die Blüte gehe.

Heilsame Rezepte

Husten

Aus meinen Blüten kann ein Hustentee aufgesetzt werden.

Hautprobleme

Bei Hautproblemen (wie z.B. Schuppenflechte, Neurodermitis, Juckreiz, Ekzemen etc.) wird innerlich ein Tee mit meinen Blättern aufgesetzt und 3 x täglich getrunken.

Äußerlich kann aus dem Tee eine Mullbinde auf die betroffenen Bereiche aufgelegt werden (2 x tägl. 15 Minuten lang einwirken lassen)

Quetschungen/Verletzungen

Der Brei meiner Wurzel wird auf die Verletzung oder Quetschung aufgetragen und mit einer Mullbinde über Nacht fixiert, damit sich meine Wirkstoffe entfalten können.

„Das Leben ist nichts als Veränderung, sprach der Stein zur Blume und flog davon"

Cremige Tomatensuppe
mit weißen Bohnen und Nachtkerzenwurzeln

Zutaten für 2 Personen

600 g Tomaten oder Tomatenpassata
100 g weiße Bohnen
1 Zucchini
3 Knoblauchzehen
1 Zwiebel
6 EL Kokosöl
250 ml Gemüsebrühe
1 Zweig Rosmarin
2-3 Zweige Thymian
1 TL Holunderblütenessig
3-4 frische Salbeiblätter
frisches Basilikum
Salz
Pfeffer

Zubereitung (40 min)

1) Als erstes die weißen Bohnen in einem Topf mit Salzwasser 20 Minuten köcheln.

2) Die Zwiebel und die Knoblauchzehen schälen, fein schneiden und dann in einem Topf mit Kokosöl ein paar Minuten andünsten.

3) Die Tomaten waschen, schneiden und in den Topf mit den Zwiebeln und dem Knoblauch geben. Auch die Salbeiblättern, der Rosmarin und der Thymian wird zusammen mit der Gemüsebrühe in den Topf gegeben. Das ganze ca. 5 Minuten köcheln lassen.

4) Danach die Salbeiblätter wieder herausnehmen und im Anschluss alles gut pürieren.

5) Dann die Zucchini in Würfel schneiden und zusammen mit den weißen Bohnen in die pürierte Tomatensuppe geben und nochmal 3-4 Minuten köcheln lassen.

6) Die Nachtkerzenwurzeln als nächstes mundgerecht zerkleinern und in einer Pfanne mit Kokosöl ein paar Minuten anbraten.

7) In der Zwischenzeit den Essig in die Tomatensuppe hinzufügen und mit Salz und Pfeffer gut abschmecken. Danach die Suppe in tiefen Tellern mit ein paar Blättern frischem Basilikum und den gebratenen Nachtkerzenwurzeln servieren.

**Das ist Wurzellust pur
in Kombination mit
einer schönen Tomatensuppe.**

Mediterrane Hirsepfanne
mit Nachtkerze und Artischocken-Dip

Zutaten für 2 Personen

150 g Hirse
ca. 400 ml Wasser
1 Aubergine
1 Zucchini
1 Zwiebel
1 Karotte
ca. 80 g Tomatenmark
ca. 4 EL Kokosöl
2-3 TL Oregano
½ TL Paprika
Salz
Pfeffer

Zubereitung (50 min)

1) Die Hirse in einen Topf mit Wasser und etwas Salz geben und ca. 30 Minuten leicht köcheln lassen und dabei immer wieder umrühren.

2) Dann die Zwiebel schälen und klein schneiden.

3) Als nächstes die Aubergine, Zucchini und Karotte waschen und in kleine Stücke schneiden. Die Nachtkerze gleichermaßen waschen. Sie kann je nach Größe im Stück bleiben oder auch klein geschnitten werden.

4) Das Kokosöl in die Pfanne geben und die Zwiebeln 2-3 Minuten andünsten und dann kommt die Karotte dazu und wird ebenfalls 2-3 Minuten mit angedünstet.

5) Im nächsten Schritt wird das Tomatenmark mit etwas Wasser in der Pfanne verrührt.

6) 2-3 Minuten später die Aubergine, die Zucchini und die Nachtkerzenwurzel dazugeben und für 5-10 Minuten mitdünsten.

7) Sobald die Hirse fertig ist und das Gemüse bissfest, wird das noch vorhandene Salzwasser von der Hirse abgegossen und die Hirse in die Gemüsepfanne gegeben und gut miteinander vermischt und mit Oregano, Paprika, Salz und Pfeffer nachgewürzt.

8) Jetzt wird die Hirsepfanne auf den Tellern serviert und mit der übrig gebliebenen Petersilie verziert.

Zutaten Artischocken-Dip

100 g Artischocken in Öl
1/2 Bund Petersilie
100 g Soja-Joghurt
1/2 Zitrone/Zitronenschale
1 EL Zitronensaft
1 TL Agavendicksaft
Salz
Pfeffer

Zubereitung Artischocken-Dip

1) Die Artischocken, den Sojajoghurt, die Petersilie, die Zitronenschale von 1/2 Zitrone und den Zitronensaft mit dem Agavendicksaft in einen kleinen Mixer geben und verrühren.

2) Danach noch mit Salz und Pfeffer würzen, fertig ist der Dip.

Ein leichtes mediterranes Gericht, das zusammen mit dem Dip und den Nachtkerzenwurzeln verzaubert.

Wohlfühl-Pie
mit Nachtkerze

Zutaten für 2-3 Personen

1 Tasse Risottoreis
1 Tasse gelbe Linsen
4 Tassen Wasser
1 Zwiebel
4 Knoblauchzehen
1 rote Chili
300 g Tomaten
100 g Spinat
6-8 Nachtkerzenwurzeln
1 Rolle Blätterteig
Kokosöl
Curry
Salz/Pfeffer

Zubereitung (60 min)

1) Zuerst den Risottoreis mit den gelben Linsen in einem Topf mit Wasser ca. 10 Minuten köcheln lassen.

2) Währenddessen die Zwiebel und die Knoblauchzehen schälen und zusammen mit der Chili fein schneiden und in einem Topf mit Kokosöl andünsten.

3) Wenn der Reis und die Linsen fertig sind, diese in den Topf mit den Zwiebeln und dem Knoblauch geben und zusammen rühren.

4) Als nächstes den Spinat mit einer Schere kleinschneiden, die Tomaten klein würfeln, die Nachtkerzenwurzeln in kleine Stücke schneiden, in den Topf geben und alles gut zusammen verrühren, mit Curry und Salz würzen und abschmecken.

5) Jetzt die Masse in eine Form geben und den vorbereiteten Blätterteig über die komplette Form verteilen. Wenn Sie über Plätzchenformen verfügen, können Sie noch Figuren nach Wahl (Herz, Stern etc.) ausstechen und auf dem Blätterteig dekorieren.

6) Nun die Backform mit dem Pie 20-30 Minuten im Backofen bei 180 Grad backen.

7) Falls Sie noch Nachtkerzenwurzeln über haben, können Sie diese auch in einer Pfanne mit Öl anbraten und zum Schluss direkt auf dem Pie dekorieren.

Tipp: Für ein Pie kann alternativ für den Blätterteig auch Kartoffelpürree als Schicht gewählt werden. Ein Pie eignet sich zudem super für die Verwertung von Resten (Reis, Gemüse, etc. vom Vortag)

Lassen Sie es sich schmecken und genießen lebendige Wurzelvielfalt pur.

Wilder Basmatireis
mit Zucchini, Tomaten und Nachtkerzenwurzeln

Zutaten für 2 Personen

300 g Basmatireis
1 gelbe Zucchini (alternativ kann auch anderes Gemüse wie z.B. Fenchel, Paprika, Karotte verwendet werden)
250 g rote Cocktailtomaten
1 Handvoll Ruccola
1 Zwiebel
2 Knoblauchzehen
ca. 80 g Tomatenmark
Kokosöl
Sojaöl
Curry
Salz
Pfeffer

Zubereitung (40 min)

1) Als erstes den Basmatireis in einem Topf mit Wasser erhitzen und für 10 Minuten köcheln lassen.

2) In der Zwischenzeit die Zwiebel und die Knoblauchzehen geschält, klein geschnitten und in einer Pfanne mit Kokosöl andünsten.

3) Danach die Zucchini klein schneiden und mit zu den Zwiebeln und dem Knoblauch in die Pfanne geben. Gleich danach etwas Sojaöl und Wasser über das Gemüse geben. Anschließend noch mit etwas Curry würzen und umrühren. Nun das ganze ein paar Minuten köcheln lassen, bis die Zucchini gar ist. Dann die Pfanne von der Herdplatte nehmen.

4) Die Cocktailtomaten genauso wie den Ruccola klein schneiden und in die Gemüsepfanne einrühren.

5) Jetzt die Gemüsepfanne mit dem Reis vermengen.

6) Als letztes die Nachtkerzenwurzeln in einer gesonderten Pfanne mit Kokosöl für 3-5 Minuten andünsten. Im Anschluß die Nachtkerzenwurzeln auf der Curry-Gemüse-Reis-Pfanne servieren.

Genießen Sie das kulinarische Feuerwerk. Knackig und verführerisch.

Geum urbanum

Nelkenwurz
Zarte Elfengestalt mit magischen Kräften

Was mich ausmacht

Ich gehöre zu den Rosengewächsen und bin, solange ich noch nicht in der Blüte bin, eher zart und unscheinbar. Ich bekomme im 2. Jahr eine kleine gelbe Blüte und wachse in der Zeit auch in die Höhe. Ich bin das ganze Jahr in der Natur zu finden. Meine Blätter sind gleichermaßen essbar und können auch für einen Tee verwendet werden.

Was ich kann

Ich bin ein altes Heil- und Würzkraut. Meine Wurzel enthält Eugenol und Gerbstoffe. Daher wirke ich antiseptisch und schmerzlindernd. Meine Wurzel hat eine betäubende, bakterielle, wundheilende und entzündungshemmende Wirkung. Ich habe daher einen positiven Einfluss bei Zahnschmerzen, eiternden Wunden im Mund- und Rachenraum und nach einer Zahn-OP. Ich bin eine Gerbstoffpflanze, die auch leberentgiftend wirkt und somit auch Giftstoffe ausleiten kann. Auch in meinen Blättern sind Gerbstoffe enthalten. Ich bin eine spezialisierte Nischenwurzel mit Elan und Ausdauer.

Meine Samen

Meine Samen sehen tennisballförmig aus. Wenn Tiere meine Samen berühren, bleiben diese an dem Fell oder Gefieder hängen. Auf diese Art und Weise verbreite und vermehre ich mich.

Meine Wurzel

Meine Wurzel riecht und schmeckt nach Nelke. Daher wurde ich auch als Gewürzersatz für Nelke verwendet. Ich stehe das ganze Jahr zur Ernte zur Verfügung.

Heilsame Rezepte

Bei Zahnschmerzen, nach einer Zahn-OP, Wunden im Mund- und Rachenraum

Nelkenwurzeltee: 1 Wurzel auf 1 Liter kochendem Wasser aufsetzen und 5-10 Minuten ziehen lassen und dann meine Wurzel abseihen. Davon mehrmals täglich 1 Tasse trinken. Den Tee wie ein Mundwasser im Mundraum hin und her bewegen und dann runterschlucken.

Bei Zahnschmerzen

Bei akuten Zahnschmerzen wird auf meiner Wurzel herum gekaut und so lange wie möglich im Mund belassen, bevor sie runtergeschluckt wird.

Lieblingsrezepte

Da auch meine Blätter essbar sind, eigne ich mich wunderbar als Salatzutat.

„Wer den Weg zur Natur findet –
findet auch den Weg zu sich selbst."

– Klaus Ender –

Oxalis tuberosa

Oca

Die kleeblättrige rote Knolle

Was mich ausmacht

Ich bekomme kleeblattartige Blätter und hübsche gelbe Blüten und bin ziemlich unkompliziert. Ich stamme ursprünglich aus den Anden. Man nennt mich auch peruanischen Sauerklee. Wenn es sehr heiß ist, falten sich meine Blätter und schützen mich vor zu großer Verdunstung. Ich habe einen leicht säuerlichen Geschmack. Ich kann roh, als Gemüse oder püriert gegessen werden. Meine Schale ist ganz dünn und kann mitgegessen werden. Meine dekorativen rötlichen Stängel als auch meine Blätter können gegessen oder alternativ für einen Tee genutzt werden. Probieren Sie mich gerne aus.

Meine Samen

Ich werde ausschließlich über meine Knollen vermehrt.

Meine Wurzel

Meine Wurzel enthält sehr viel Vitamin C, Kalium und Eisen. Ich verfüge über Antioxidantien und habe eine antibakterielle Wirkung. Zudem bin ich probiotisch, das heißt ich bin für eine gesunde Darmflora sehr hilfreich, weil ich die guten Darmbakterien unterstütze. Wenn ich roh gegessen werden soll, kann man mich ein wenig "entsäuern", in dem ich einige Zeit in die Sonne gelegt werde. Dadurch nimmt auch mein Gehalt an Oxalsäure ab, der jedoch bei mir nicht so ausgeprägt ist wie in Mangold oder Spinat.

Die Ernte meiner Wurzel kann ab dem Herbst erfolgen. Über den gesamten Winter ist eine Ernte möglich, solange es frostfrei ist. Meine Knolle/Wurzel wird ausgegraben und ab November geerntet.

Wenn ich trocken und kühl gelagert werde, kann ich auch noch im März/April genossen werden. Ab Mitte März treibe ich allerdings dann langsam wieder aus. Zu dem Zeitpunkt kann ich auch wieder eingepflanzt bzw. im Haus vorgezogen werden. Bitte beachten Sie, dass ich nicht frosthart bin.

Mittlerweile werde ich auch schon mal in Bioläden angeboten. In Frankreich sieht man mich deutlich häufiger auf Märkten oder in Bioläden.

„Die Natur macht nichts vergeblich"

– Aristoteles –

Kulinarischer Kartoffel-Blumenkohlauflauf mit Ocas

Zutaten für 2-3 Personen

- 500 g Kartoffeln
- 500 g Blumenkohl
- 10-15 Ocas
- 1 Pckg. Seidentofu
- 1 Zwiebel
- 3 Knoblauchzehen
- Kokosöl
- Veganer Käse
- Salz
- Pfeffer
- Paprika

Zubereitung (45 min)

1) Als erstes die Zwiebel und die Knoblauchzehen schälen, klein schneiden und im Anschluss in einer Pfanne mit Kokosöl andünsten.

2) Nun die Kartoffeln schälen und in Scheiben schneiden, den Blumenkohl waschen und in Röschen schneiden, die Kartoffeln für 15 Minuten in einem Topf mit Salzwasser kochen und den Blumenkohl 5 Minuten später hinzugeben.

3) Den Seidentofu in einer Schale mit den Zwiebeln, Knoblauch, Salz, Pfeffer und Paprika zu einer würzigen Masse miteinander vermengen.

4) Die Kartoffeln und den Blumenkohl abgießen und in eine Auflaufform geben und die Masse aus Seidentofu darüber verteilen.

5) Zum Schluss noch den veganen Käse auf die Auflaufform streuen und für 10-15 Minuten bei 180 Grad in den Backofen geben.

6) In der Zwischenzeit die Ocas in einer Pfanne mit Kokosöl für ca. 5 Minuten von allen Seiten andünsten und dann entweder direkt auf die Auflaufform geben oder direkt auf den Tellern servieren.

Nach dem Motto: Sauer macht lustig ... ein besonderer Genuss mit einem wunderbaren, zart säuerlichen Beigeschmack.

Klassischer Tomatenreis
mit weißen Bohnen und Ocas

Zutaten für 2 Personen

150 g Basmatireis
200 g Tomatenpassata
100 g weiße Bohnen
100 g Ocas
1 Zwiebel
2 Knoblauchzehen
Kokosöl
6-8 Basilikumblätter
2 Zweige Thymian
Salz
Pfeffer

Zubereitung (30 min)

1) Den Basmatireis und die weißen Bohnen zusammen in einem Topf mit Wasser aufsetzen und ca. 15 Minuten leicht köcheln lassen.

2) Die Zwiebel und die Knoblauchzehen schälen und fein schneiden. Dann in einer Pfanne mit Kokosöl andünsten.

3) Jetzt die Tomatenpassata mit in die Pfanne zu den Zwiebeln und dem Knoblauch geben und mit Thymianblättern und klein geschnittenen Basilikumblättern würzen und ca. 5 Minuten leicht köcheln lassen.

4) Danach mit Salz und Pfeffer abschmecken.

5) Sobald der Reis und die Bohnen bissfest sind, das restliche Wasser abgießen und mit der Tomatensauce vermengen.

6) Jetzt noch in einer weiteren Pfanne die Ocas mit Kokosöl ein paar Minuten andünsten. Alternativ können die Ocas auch vorab in die Tomatensoße gegeben werden und dort ein paar Minuten mit köcheln lassen.

Genießen Sie nun ein einfaches und schmackhaftes Reisgericht mit Ocas.

Leuchtende Ocas
auf Grünkern-Bohnensalat

Zutaten für 2 Personen

200 g Grünkern
300 g grüne Bohnen od. alternativ ein Glas mit Bohnen
1 Zwiebel
2 Knoblauchzehen
200 g Champignons

Dressing

5 EL Rapskernöl
2 EL Holunderblütenessig
Petersilie klein geschnitten
3 TL Senf
ggf. falls vorhanden 2 EL Gurkenwasser
1 EL Cashewmus oder alternativ
Agavendicksaft
Salz
Pfeffer

Zubereitung (45 min)

1) Den Grünkern in einem Topf mit Salzwasser ca. 25 Minuten lang köcheln.

2) In der Zwischenzeit die Bohnen waschen, in kleine Stücke schneiden und gleichermaßen in einem Topf mit Salzwasser etwa 10 Minuten kochen.

3) Als nächstes die Zwiebel und den Knoblauch schälen, fein schneiden und in einer Pfanne mit Kokosöl dünsten.

4) Danach die Champignons gut waschen, in kleine Scheiben schneiden und in die Pfanne zu den Zwiebeln und Knoblauch geben.

5) Nun die Petersilie klein hacken und zusammen mit der Zwiebel, dem Knoblauch und den Champignons aus der Pfanne in eine Salatschüssel geben.

6) Jetzt die Zutaten des Dressings zusammenrühren.

7) Sobald der Grünkern gar ist, ihn mit in die Salatschüssel nehmen, mit dem Dressing gut unterrühren und mit Salz und Pfeffer würzen.

8) Nun nur noch die Ocas in einer Pfanne mit Kokosöl ca. 4-5 Minuten anbraten, auf dem Bohnensalat mit Grünkern dekorieren und das Gericht auf den Tellern servieren.

Eine fantasievolle Kreation, die unserem Gaumen Freude bereitet. Das ganze ist warm oder auch kalt ein Genuss.

Pastinaca sativa

Pastinake

Die gelbe Wiesenschönheit

Was mich ausmacht

Ich gehöre zu den Doldengewächsen und bilde eine gelbe Blüte aus. Ich bin winterhart, robust und pflegeleicht. Es gibt mich als Wildform und als Gartenwurzelgemüse. Wir Pastinaken sind Starkzehrer und benötigen deshalb einen nahrhaften Humusboden. Meine Aussaat erfolgt ab März/April.

Ich wurde als Grundnahrungsmittel von der Kartoffel und den Möhren von meinem Platz verdrängt. In der Babynahrung habe ich aber noch immer einen Spitzenplatz.

Ich bin ein vitaminreiches Wurzelgemüse. Auch meine Blätter sind essbar und eine schöne Salatzutat.

Was ich kann

Ich habe einen hohen Mineralstoffgehalt. Ich enthalte sowohl Kalium, ätherische Öle, Vitamin C und A als auch viele B-Vitamine und Folsäure.

Zudem enthalte ich Inulin und werde daher als Präbiotika bezeichnet. Präbiotika dienen den nützlichen Darmbakterien u.a. Milchsäurebakterien als Nahrung und stärken somit die Darmflora. Durch mein Inulin bin ich auch für Diabetiker sehr bekömmlich. Ich rege die Verdauung an, bin wassertreibend und nervenstärkend.

Meine Blüten und Samen sind ein Hausmittel für die Blase und die Niere. Ich werde auch bei Rheuma eingesetzt.

Zudem sagt man mir nach, dass ich bei einem Kinderwunsch unterstützend zur Seite stehe.

Meine Samen

Wenn man mich über den Winter stehen lässt, setze ich im nächsten Jahr gelbe Blüten an, aus denen meine Samen im August ausreifen.

Meine Wurzel

Meine Wurzel wird ab Oktober geerntet.

Heilsame Rezepte

Pastinakentee aus der Blüte und den Samen

Max. 2 Tassen täglich

"Leben ist nicht genug. Sonnenschein, Freiheit und eine kleine Blume muss man auch haben."
– H.C. Andersen

Gefüllte Paprika
mit Pastinaken-Kartoffelpürree

Zutaten fur 3-4 Personen

6-8 rote Paprika
350 g Pastinaken
300 g Karotten
2 Kartoffeln
100 g grüne Oliven
100 g veganer Hirtenkäse
1-2 Schalotten
Petersilie
Salz
Pfeffer
Muskat

Zutaten - Tomatensauce

500 g passierte Tomaten
3 Knoblauchzehen
3 Zwiebeln
6 EL Kokosöl
2 EL Zitronenschale
frischer Thymian
Pfeffer
Salz

Zubereitung (75 min)

1) Die geschnittenen Zwiebeln, Knoblauchzehen und die Zitronenschale in Kokosöl ca. 5 Minuten andünsten.

2) Jetzt die passierten Tomaten dazugeben, mit Salz und Pfeffer würzen und im Anschluss ca. 10 Minuten köcheln lassen.

3) Dann den klein geschnittenen Thymian zugeben und noch 5 Minuten köcheln lassen.

4) In der Zwischenzeit die Paprika waschen und aushöhlen. Dann werden die Paprika in die Auflaufform gestellt.

5) Anschließend die geschälten Kartoffeln, Karotten und Pastinaken in einem Topf mit Wasser gar kochen.

6) Wenn das Wasser abgegossen ist, die klein geschnittene Petersilie, die Oliven, Schalotten, den veganen Hirtenkäse und den Zitronensaft hinzufügen und mit dem Rührstab zu einem Brei verrühren. Dann nochmals mit Gewürzen abschmecken.

7) Als nächstes wird das Pastinaken-Karotten-Püree in die Paprikahälften gefüllt.

8) Nun wird die Tomatensauce in die Auflaufform gefüllt und bei 180 Grad Ober-/Unterhitze für 10-15 Minuten in den Ofen gegeben.

Ich wünsche einen wunderbaren Genuss mit der Wurzelvielfalt. Wurzelglück pur.

Herzhafte Gerstensuppe mit Pastinaken

Zutaten für 4 Personen

1-2 große Pastinaken
1 Stange Porree
1 Zwiebel
200 g Räuchertofu
200 g Graupen
1 Liter Gemüsebrühe
2 EL Kokosöl
1 TL Kümmel
1/2 TL Koriander
2 TL Zitronensaft
Petersilie
Salz
Pfeffer

Zubereitung (40 min)

1) Als erstes die Graupen in der Gemüsebrühe ca. 20 Minuten lang köcheln lassen.

2) In der Zwischenzeit die Zwiebel schälen und mit dem Tofu zusammen klein schneiden und in einem großen Suppentopf mit Kokosöl andünsten.

3) Die Pastinake und den Porree waschen, klein schneiden und gleichermaßen in den Topf mit den Zwiebeln und dem Tofu hinzufügen.

4) Dann die Graupen mit der Gemüsebrühe und dem Kümmel mit in den Topf geben und zusammen noch ca. 10 Minuten lang köcheln lassen.

5) Nun noch mit Salz, Pfeffer und Koriander abschmecken und schon kann die fertige Suppe auf die Teller verteilt werden.

Eine wärmende Wintersuppe für kalte Tage.

Lieblingsrezepte - Magische Wurzel

Vielfältige Pastinaken-Nudeln
mit einer zitronigen Spinatkäsesause

Zutaten für 2-3 Personen

500 g Pastinaken
200 g Spinat
100 g veganer Fetakäse
100 g Seidentofu
1 rote Zwiebel
2 Knoblauchzehen
2 EL Kokosöl
1 EL Walnüsse
1 Zitrone
Salz
Pfeffer

Zubereitung (40 min)

1) Als erstes die Zitronenschale reiben und die Zitrone auspressen. Zusätzlich die Zwiebel und den Knoblauch schälen und fein schneiden. Die Zwiebel und den Knoblauch dann in einem Topf mit Kokosöl andünsten.

2) In der Zwischenzeit die Pastinaken waschen, schälen und mit einem Spiralschneider in dünne Nudeln schneiden.

3) Den Feta als nächstes in kleine Stücke schneiden und Seidentofu, Feta, Zitronenschale und Zitronensaft in den Topf mit den Zwiebeln und Knoblauch hinzufügen und erhitzen.

4) Danach Spinat in den Topf hinzufügen und ein paar Minuten mitgaren. Ebenso die Pastinakennudeln 2 Minuten in einem extra Topf mit heißem Salzwasser aufkochen.

5) Ein letztes mal abschmecken, dann die Pastinaken-Nudeln mit der Spinatkäsesauce auf die Teller geben und mit Walnüssen dekorieren.

Zu den Pastinakennudeln kann knuspriges Weißbrot gereicht werden.

Lieblingsrezepte - Seelenwärmer Wurzelgold

Indische Pastinakensuppe

Zutaten fur 3 Personen

3 Pastinaken
1 Knoblauchzehe
1 Zwiebel
1 kleines Stück Ingwer (1cm)
1 Kartoffel
1 Chili
2 TL Curry
1 Dose Kokosmilch
500 g Tomaten
Gemüsebrühe
Öl
Salz, Pfeffer
frische grüne Kräuter

Zubereitung (40 min)

1) Pastinaken, Knoblauchzehe, Zwiebel, Ingwer und Kartoffel schälen und zusammen mit der Chili und den Tomaten klein schneiden.

2) Danach die Knoblauchzehe, Zwiebel, Ingwer und Chili in einen Topf mit heißem Öl geben und andünsten.

3) Danach den Curry zugeben und verrühren.

4) Im Anschluss die Pastinaken, die Tomaten und die Kartoffel in den Topf zugeben und dann die Gemüsebrühe und die Kokosmilch hinzufügen.

5) Etwa 15 Minuten köcheln lassen und im Anschluss noch mit Salz und Pfeffer würzen.

Und fertig ist eine kräftige Wurzelsuppe. Lassen Sie es sich schmecken.

Wärmendes Linsen - Dal mit Pastinake

Zutaten für 3 Personen

200 g Linsen
150 g Spinat oder Brennnessel
2 Pastinaken
2 rote Chilischoten
1 Zwiebel
2 Knoblauchzehen
1 kleines Stück Ingwer, ca. 3 cm
2 EL Öl
400 ml Kokosmilch
ggf. Gemüsebrühe
1 TL Kurkuma
1,5 TL Kreuzkümmel
1,5 TL Koriander
½ Zimtstange
Salz
Pfeffer

Zubereitung (40 min)

1) Als erstes die Zwiebel und die Knoblauchzehen schälen, mit der Chili zusammen fein schneiden und in einer Pfanne mit Kokosöl andünsten.

2) Danach wird der Ingwer geschält, fein geschnitten und mit in die Pfanne gegeben.

3) Die Pastinaken schälen, in kleine Stücke schneiden und in die Pfanne geben.

4) Nun die Kokosmilch, die Linsen und die übrigen Gewürze hinzufügen und 20-30 Minuten köcheln lassen.

5) Falls das Dal zu dickflüssig ist, kann bei Bedarf noch Gemüsebrühe hinzugefügt werden.

6) Zum Schluss den Spinat unterrühren und mit Salz und Pfeffer abschmecken.

Ein schnelles und sättigendes Gericht, das auch am nächsten Tag noch super schmeckt. Mit Beilage von Fladenbrot oder Reis perfekt.

Bodenständige Semmelknödel mit Pastinakengemüse

Zutaten für 3-4 Personen

Für die Semmelknödel

500 ml Mandelmilch
300 g altbackenes Brot/Brötchen
3 EL Semmelbrösel (im Mixer aus alten Brötchen zerkleinert)
Frische Petersilie oder Schnittlauch
2 EL Sonnenblumenkerne
1 EL Kokosöl
Muskatnuss/Salz/Pfeffer
Petersilie
10 Teefiltertüten

Für das Wurzelgemüse

100 ml Wasser
2-3 Pastinaken
1 Möhre
1 Lauchstange
3 Knoblauchzehen
1 Zwiebel
2-3 EL Tomatenmark
2 EL Sojasauce
1 EL Ajvar
1 Rosmarinzweig
4 EL Rapskernöl

Für den Salat

200 g Weißkohl
2 EL Agavendicksaft
2 EL Holunderblütenessig
2 EL Rapskernöl
1 Granatapfel
etwas Chilipulver

Zubereitung (60 min)

1) Das trockene Brot möglichst in quadratische Stücke schneiden und in einem Topf mit der Mandelmilch erhitzen und zu einer breiigen Masse verrühren. Das Öl zufügen und mit Salz, Pfeffer und Muskatnuss abschmecken.

2) Die Sonnenblumenkerne mit den Semmelbröseln und der kleingeschnittenen Petersilie unter die Brotmasse geben und den Teig ca. 20 Minuten in den Kühlschrank stellen.

3) Währenddessen den Strunk des Weißkohls rausschneiden und den restlichen Weißkohl hobeln, in eine Schüssel geben und mit dem Agavendicksaft, dem Holunderblütenessig, dem Rapskernöl und dem Chilipulver verrühren und ziehen lassen. Den Granatapfel aufschneiden, die Kerne mit einem Teelöffel herausnehmen und im Weißkrautsalat unterheben als auch die Kerne auf dem Weißkrautsalat zur Deko nutzen.

4) In der Zwischenzeit die Zwiebel und die Knoblauchzehen schälen, fein schneiden und in einer Pfanne mit Rapskernöl andünsten.

5) Währenddessen die Pastinake und die Möhren schälen und klein schneiden. Den Porree waschen und in kleine Ringe schneiden und mit dem Sojaöl, dem Tomatenmark und etwas Wasser in die Pfanne geben, verrühren und andünsten. Als nächstes die Rosmarinnadeln klein schneiden und mit dem Ayvar in die Pfanne geben und leicht mitköcheln (ca. 10 Minuten insgesamt) lassen bis das Gemüse gar ist.

6) Den Brotteig aus dem Kühlschrank nehmen und pro Person zu 2-3 Knödeln formen. Die Semmelknödel nun in eine Teefiltertüte geben und in einem Topf mit leicht köchelndem Salzwasser für ca. 10 Minuten geben.

Die Teefiltertüten verhindern, dass die Knödel auseinander fallen.

Die Semmelknödel können dann mit einem Löffel vorsichtig aus dem Topf genommen werden. Die Teefiltertüten werden vor dem Servieren mit dem Wurzelgemüse noch entfernt.

Jetzt wünsche ich Ihnen Wurzelgenuss auf allen Ebenen. Genießen Sie nun ein Gericht, das auch von innen wärmt.

Petroselinum crispum

Petersilienwurzel

Kraftwurzel in der Küche

Was mich ausmacht

Ich gehöre zu den Doldenblütengewächsen und bilde im 2. Jahr eine weiße Blüte aus.
Ich habe ein leicht süßliches und intensiv-würziges Aroma. Ich bin ein Allroundtalent und lasse mich vielseitig kombinieren. Ich darf nur alle 5 Jahre auf dem gleichen Beet gezogen werden. Neben mir sollten keine weiteren Doldenblütler stehen, da bin ich etwas eigen. Ab Juni mag ich gerne Pflanzenjauchen, Beinwell ist ein Favorit von mir.

Was ich kann

Ich punkte mit vielen Nährstoffen. Denn ich enthalte sowohl B-Vitamine, Provitamin A und Vitamin C, Folsäure als auch Kalzium, Kalium, Eisen und Phosphor.
Ich stärke die Abwehrkräfte und habe durch meinen Inhaltsstoff Apiol den Ruf bei Blasenentzündungen zu helfen. Zudem bin ich am Zellaufbau beteiligt und habe eine verdauungsfördernde Wirkung. Zu guter letzt macht mein Wirkstoff Myristicin gute Laune, ich bin stimmungsaufhellend und anregend.
Ich bin eine Gute-Laune-Knolle.

Meine Samen

Wenn man mich über den Winter stehen lässt, setze ich im nächsten Jahr Blüten an, aus denen meine Samen im August ausreifen.

Meine Wurzel

Ich werde von Juli bis Dezember geerntet. Über den gesamten Winter ist eine Ernte möglich, solange es frostfrei ist. Ich habe ein feines Petersilienaroma und werde zu Suppen, Püree oder Gemüsepfannen verarbeitet. Meine Blätter eignen sich auch als Salatzutat, für einen Smoothie oder einfach zum Würzen.

Heilsame Rezepte

Heilanwendung bei Magenschmerzen

Meine Knolle wird am besten gekocht oder püriert verzehrt.

„Die Natur allein ist unendlich reich, und sie allein bildet den großen Künstler."
– Johann Wolfgang von Goethe –

Würziges Petersilienwurzelpüree
überbacken mit Tomatensalat

Zutaten

300 g Petersilienwurzel
300 g Kartoffeln
100 g Mandelmilch
Veganer Käse
Salz, Pfeffer, Muskat
Thymian
Für den Tomatensalat
500 g Tomaten
1 Schalotte
Olivenöl
Salz
Pfeffer

Zubereitung (50 min)

1) Die Petersilienwurzel und die Kartoffeln schälen und 20 Minuten in Salzwasser kochen oder dünsten.

2) In der Zwischenzeit die Tomaten waschen und mit der Schalotte klein schneiden.

3) Mit Olivenöl beträufeln und mit Salz und Pfeffer abschmecken.

4) Wenn beides gar ist, das Wasser abgießen und die Petersilienwurzel und die Kartoffeln mit der Mandelmilch vermischen und gleichzeitig Salz, Pfeffer und Muskat zugeben.

5) Dann mit einem Kartoffelstampfer vermengen bzw. pürieren.

6) Das Püree in eine Schale füllen und mit veganem Käse im Backofen bei 180 Grad 10 Minuten überbacken.

7) Wenn Sie die Schale aus dem Backofen nehmen, streuen Sie noch die Thymianblättchen über das Püree.

Nun wünsche ich einen gesegneten Appetit mit dem überbackenen Petersilienwurzelpüree und dem Tomatensalat.
Eine Freude für Leib und Seele.

Vitaminreiche Spinat-Quiche mit Petersilienwurzel

Zutaten für 3-4 Personen

Mürbeteig

250 g Mehl
150 g Margarine
Salz, Muskatnuss
2 EL Hafermilch oder Wasser
250 g Petersilienwurzel
200 g Spinat
250 g veganen Feta
250 Seidentofu
2 EL Oliven
1 Knoblauchzehe
3 Zweige Thymian

Zubereitung (80 min)

1) Mehl, Margarine, Salz, Muskatnuss und Wasser miteinander vermengen. Danach den Teig für eine halbe Stunde im Kühlschrank lagern.

2) In der Zwischenzeit den Spinat für ca. 10 Minuten dünsten. Dann die Petersilienwurzel reiben, den Schafskäse, den Knoblauch, die Thymianblättchen und die Oliven kleinschneiden und in einer Schüssel miteinander vermengen.

3) Nun den Teig auf der Quicheform ausbreiten und die Zutaten aus der Schüssel in die Quicheform geben.

4) Jetzt den Seidentofu in dünne Scheiben schneiden und die Quicheform damit belegen und im Anschluss für 45 Minuten in den Ofen geben.

Ein Genusserlebnis zum Wohlfühlen.

Marokkanischer Gemüse-Schmortopf
mit Petersilienwurzel

Zutaten für 4 Personen

2-3 Petersilienwurzel
1 Süßkartoffel
1 Aubergine
2-3 EL Tomatenmark
300 g Tomaten
50 g Spinat
4 Knoblauchzehen
1 Zwiebel
100 g getr. Aprikosen
250 g Couscous
Gemüsebrühe
Kokosöl
2 TL Ras el Hanout
Salz/Pfeffer
ggf. Korianderblätter
ggf. Granatapfel

Zubereitung (50 min)

1) Als erstes die Zwiebeln und die Knoblauchzehen schälen, fein schneiden und in einem Topf mit Kokosöl andünsten.

2) Nun die Süßkartoffel und die Aubergine waschen und in kleine quadratische Stücke schneiden, die Petersilienwurzeln schälen und gleichfalls in kleine Stücke schneiden, alles zusammen mit dem Tomatenmark und etwas Wasser in den Topf mit den Zwiebeln und Knoblauch hinzufügen und miteinander vermengen, ca. 5-10 Minuten leicht köcheln lassen

3) In der Zwischenzeit die Aprikosen fein schneiden und die Tomaten in kleine Stücke schneiden.

4) Den Couscous mit heißem Wasser übergießen und etwas Gemüsebrühe unterrühren, dann 10 Minuten ziehen lassen.

5) Wenn das Gemüse gar ist, werden die Tomaten, die Aprikosen und der Spinat in das Gericht untergerührt und mit ausgeschalteter Herdplatte alles noch ein paar Minuten ziehen lassen.

6) Zum Schluss wird der Gemüse-Schmortopf noch mit Ras el Hanout abgeschmeckt und ist dann servierfertig, ggf. noch mit Korianderblättern und Granatapfelkernen dekorieren.

Ein orientalisches seelenwärmendes Gericht aus „Tausendundeiner Nacht"

Lieblingsrezepte - Eine Ode an die Wurzeln

Zitronige Petersilienwurzelsuppe

Zutaten fur 2 Personen

700 g Petersilienwurzeln
1 Glas Mais (ca. 230 g), alternativ weiße Bohnen
800 ml Gemüsebrühe
3-4 EL frischen Zitronensaft
½ Bund Petersilie
Salz, Pfeffer

Zubereitung (30 min)

1) Die geschälten, klein geschnittenen Petersilienwurzeln ca. 10 Minuten lang in einem Topf mit Gemüsebrühe köcheln lassen. Nach 10 Minuten wird der abgetropfte Mais mit zu den Petersilienwurzeln gegeben und weitere 2 Minuten köcheln gelassen.

2) Wenn die Petersilienwurzeln weich sind, alles mit einem Pürierstab fein pürieren. Im Anschluss Zitronensaft sowie etwas Salz und Pfeffer hinzugeben und abschmecken.

3) Die fein geschnittene Petersilie zuletzt als Deko für die Teller nutzen.

4) Dazu passt hervorragend eine Scheibe Vollkornbrot mit Kräutermargarine.

Eine frische, leckere Suppe in der kalten Jahreszeit, die die Seele von innen wärmt. Lassen Sie es sich schmecken.

Lieblingsrezepte - Wurzeljoker

Saftige Tortilla mit Petersilienwurzel

Zutaten für 4 Personen

800 g Petersilienwurzeln
1 Stange Lauch
1 Zwiebel
2 Knoblauchzehen
4 Zweige Rosmarin
½ TL Kurkuma
½ TL Kalak Namak
120 g Kichererbsenmehl
250 g Wasser
Kokosöl
Salz/Pfeffer

Zubereitung (45 min)

1) Die Petersilienwurzel waschen und schälen. Dann in dünne Scheiben schneiden.

2) Als nächstes die Knoblauchzehen und die Zwiebel schälen und fein schneiden. Jetzt in einer Pfanne mit Kokosöl andünsten.

3) Nun den Lauch waschen, längs in der Mitte durchschneiden und in dünne Scheiben schneiden und in die Pfanne mit dem Knoblauch hinzugeben und mitdünsten.

4) Die Rosmarinnadeln abstreifen und mit den Petersilienwurzelscheiben gleichermaßen mit in die Pfanne rühren.

5) Das Kichererbsenmehl mit dem Wasser, Kurkuma und Kalak Namak verrühren und dann in die Pfanne geben und unterrühren und mit leichter Hitze ca. 10 Minuten köcheln lassen.

**Das ist Wurzelglück pur,
eine Tortilla zum reinbeißen.**

Fröhlicher Kichererbseneintopf
mit Petersilienwurzel und Räuchertofu

Zutaten für 3-4 Personen

400 g Petersilienwurzeln
200 g Räuchertofu
100 g Kichererbsen
400 g Tomaten
2 rote Zwiebeln
1 l Gemüsebrühe
2 Stängel Petersilie
1 Knoblauchzehe
Salz
Pfeffer

Zubereitung (75 min + Einweichzeit)

1) Die Kichererbsen 12 Stunden in Wasser einlegen und danach mit Wasser abspülen.

2) Nach der Einlegezeit die Kichererbsen 1 Stunde lang im Wasser köcheln lassen.

3) In der Zwischenzeit die Zwiebeln und den Knoblauch schälen, fein schneiden und im Anschluss in einem Topf mit Kokosöl andünsten.

4) Danach die Tomaten und Petersilienwurzel waschen und klein schneiden.

5) Nun den Räuchertofu in kleine quadratische Stücke schneiden und mit den Tomaten in den Topf mit den Zwiebeln und Knoblauch dazugeben und knapp 5 Minuten dünsten lassen.

6) Als nächstes die Gemüsebrühe mit den abgetropften Kichererbsen, der Petersilienwurzel und dem Paprikapulver dazugeben und ca. 10 Minuten lang köcheln lassen.

7) Zum Schluss noch die Petersilie klein schneiden und über den Eintopf streuen.

Ein wundervoller Eintopf zum Sattwerden.

Italienische Minestrone
mit Petersilienwurzeln

Zutaten für 3 Personen

200 g Petersilienwurzeln
150 g Steckrüben
150 g Suppennudeln
150 g weiße Bohnen
2 Tomaten
1 Möhre
1 Lauchstange
2 Knoblauchzehen
1 rote Zwiebel
4 EL Kokosöl
2 Lorbeerblätter
1,5 l Gemüsebrühe
frische Petersilie
Salz/Pfeffer nach Bedarf

Zubereitung (60 min + Einweichzeit)

1) Die weißen Bohnen 12 Stunden in Wasser einlegen. Alternativ können auch weiße Bohnen aus dem Glas genommen werden.

2) Die Bohnen, die 12 Stunden im Wasser waren, in einem Topf 1 Stunde lang köcheln lassen.

3) Den Knoblauch und die Zwiebel schälen und klein schneiden. Beides im Topf mit Kokosöl anschwitzen.

4) Danach die Petersilienwurzel, Steckrübe, Möhre und Lauchstange waschen, schälen und in kleine Stücke schneiden. Nun das Gemüse mit den Lorbeerblättern mit in den Topf geben und ca. 5 Minuten mit anbraten. Danach wird die Gemüsebrühe hinzugegeben und das Gemüse ca. 15 Minuten lang leicht köcheln lassen.

5) Gleichzeitig die Nudeln in einem anderen Topf in Salzwasser ca. 10 Minuten kochen lassen. Ich lasse die Nudeln in einem extra Topf kochen, damit sie nicht zu weich werden und al dente bleiben.

6) In der Zwischenzeit die beiden Tomaten und die Petersilie klein schneiden.

7) Nachdem die Nudeln und die Bohnen gar sind, gemeinsam mit den geschnittenen Tomaten in die Minestrone fügen und umrühren und die Petersilie auf die Minestrone streuen.

Ein Genussjoker für graue Wintertage.

Lieblingsrezepte - Magische Wurzel

Erdverbundene Kohlsuppe
mit Petersilienwurzeln

Zutaten fur 4 Personen

1 kleiner Weißkohl
1 Stange Lauch
1-2 Karotten
2 Zwiebeln
150 g Petersilienwurzeln
2 EL Kokosöl
1-2 TL Kurkuma
5 TL Gemüsebrühe
ggf. Salz und Pfeffer

Zubereitung (40 min)

1) Die Zwiebel schälen, klein schneiden und in einem Topf mit Kokosöl andünsten.

2) Den Lauch waschen und in kleine Ringe schneiden. Die Petersilienwurzeln und Karotten waschen und würfeln. Den Weißkohl in Streifen schneiden.

3) Alle bereits geschnittenen Zutaten und der Kurkuma kommen nun in einen Topf zu den Zwiebeln und werden mit 1,5 Liter Gemüsebrühe bedeckt. Jetzt zugedeckt ca. 20 Minuten leicht köcheln lassen.

4) Abschließend noch mit Salz und Pfeffer nachwürzen.

Eine herzhaft stärkende Suppe bei ungemütlichem Wetter.

Lieblingsrezepte - Seelenwärmer Wurzelgold

Knackiger Petersilienwurzel-Rohkostsalat

Zutaten für 3-4 Personen

400 g Petersilienwurzeln
10 Datteln
1 Apfel
1 Zitrone

Dressing

5 EL Rapskernöl
1 TL Agavendicksaft
2 EL Orangensaft
Harissa
1/2 TL Ras el Hanout
Salz
Pfeffer

Zubereitung (30 min)

1) Als erstes die Zitronenschale reiben und den Saft aus der Zitrone auspressen.

2) Die Petersilienwurzel und den Apfel waschen und fein raspeln und in eine Salatschüssel mit dem Zitronensaft und der Zitronenschale geben.

3) Die Datteln in kleine feine Stücke schneiden und in die Salatschüssel geben.

4) Nun das Dressing mit den o.g. Zutaten verrühren und mit der Petersilienwurzel-Apfel-Dattel-Mischung vermengen und nochmals mit Salz und Pfeffer abschmecken.

Ein leckerer Frischekick in der dunklen Jahreszeit.

Beta vulgaris

Rote Beete

Eine rundum gesunde Knolle

Was mich ausmacht

Ich gehöre zu den Gänsefußgewächsen und bilde eine gelb-grünliche Blüte aus. Ich bin eine Kulturform der Gemeinen Rübe. Heute gibt es eine große Sortenvielfalt von mir. Ich werde von Mitte April bis Mitte Juli ausgesät und bin ein Mittelzehrer. Sobald meine Knollenbildung beginnt, mag ich gerne eine Pflanzenjauche wie z.B. Brennnesseljauche, die mir als Dünger dient.

Was ich kann

Ich werde auch als Sportlergemüse bezeichnet. Zudem gibt man mir auch den Namen „Jungbrunnen", da ich die Leistungsfähigkeit steigere. Ich punkte dabei durch meinen hohen Gehalt an Eisen und Folsäure, Kalium, Magnesium, Natrium, Beta-Carotin und Vitamin B. Der Farbstoff Betanin verleiht mir meine kräftige rote Farbe und ist dafür verantwortlich, dass ich den Körper in unterschiedlicher Weise unterstütze, z.B. entlaste ich die Leber und stärke das Immunsystem. Ich unterstütze die Blutbildung und schütze die Blutgefäße vor Ablagerungen. Zudem bin ich verdauungsfördernd und senke den Blutdruck. Ich gelte als Naturdoping und bin ein richtig knackiges Kerlchen.

Meine Samen

Meine Samenernte beginnt erst im 2. Jahr. Im August können meine reichlichen Samen geerntet werden für das nächste Jahr. Ich bekomme gelb-grünliche, eher unscheinbare Blüten.

Meine Wurzel

Ich werde von August bis Dezember geerntet. Ich habe einen herzhaften, erdigen Geschmack. Man kann mich roh, in Suppen, als Auflauf oder im Risotto sehr gut verarbeiten.

Mein Tipp

Um mein pflanzliches Eisen optimal aufnehmen zu können, empfehle ich einen Spritzer Zitronensaft. Auch meine Blätter sind essbar und können zu einem Smoothie zubereitet werden.

„Ideen und Pläne sind wie Pflanzen. Eines Tages werden sie Früchte tragen."

Farbenprächtige Rote-Beete-Lasagne

Zutaten für 3 Personen

6 Lasagneplatten
400 g passierte Tomaten
100 ml Mandelmilch
2 rote Beete Wurzeln
Kokosöl
1 Zwiebel
4 Knoblauchzehen
2 Stängel Thymian
200 g veganer Käse
Salz/Pfeffer

Zubereitung (60 min)

1) Ale erstes die Zwiebeln und den Knoblauch schälen, fein schneiden und in Kokosöl andünsten.

2) Dann die passierten Tomaten, die Mandelmilch und die Thymianblättchen zufügen und ein paar Minuten leicht köcheln lassen und mit Salz und Pfeffer abschmecken.

3) Als nächstes die rote Beete waschen und in Scheiben schneiden. Dann abwechselnd die Lasagneplatten, rote Beete Scheiben mit der Tomatensauce in der Auflaufform schichten. Auf die obere Lasagneplatte auch noch einmal die Tomatensauce geben und mit dem veganen Käse bestreuen.

4) Den Backofen auf 220 Grad stellen und 30 Minuten backen.

Macht nicht nur satt sondern hebt auch die Stimmung.

Orientalisches Gelbe-Beete-Püree

Zutaten für 4 Personen

2 mittelgroße gelbe Beete
40 g Walnüsse
10 g Cranberrys
2 EL Olivenöl
1 TL Harissa
1 EL Zitronensaft
Salz/Pfeffer
1 Fladenbrot
Oliven

Zubereitung (30 min)

1) Die gelbe Beete in quadratische Stücke schneiden und in einem Topf mit Wasser ca. 10 Minuten weich köcheln lassen.

2) In der Zwischenzeit die Zitrone pressen.

3) Danach die gelbe Beete abgießen und gemeinsam mit den weiteren Zutaten in einen Mixer geben und alles solange miteinander vermengen bis es ein Pürree ergibt.

4) Das Pürree in eine Schüssel füllen und mit einem warmen Fladenbrot und Oliven servieren.

Nun seelenwärmendes aus Tausendundeiner Nacht genießen.

Genüssliche Rote-Beete-Vorspeise
mit Brombeeren garniert

Zutaten für 4 Personen

1 rote Beete
1-2 rote Zwiebeln
100 g Brombeeren
12 Walnüsse
1 EL Holunderblütenessig (alternativ der Essig, der im Küchenregal steht)
1/2 TL Agavendicksaft
2 EL Rapskernöl
Salz

Zubereitung (30 min)

1) Als erstes die rote Beete waschen und in ganz dünne Scheiben schneiden oder hobeln.

2) Die Hälfte der Brombeeren mit Essig, Agavendicksaft und etwas Salz in einen kleinen Mixer geben und zu einem Dressing vermengen.

3) Das Dressing über die Rote-Beete-Scheiben geben und ca. 15 Minuten ziehen lassen.

4) Als nächstes die Zwiebeln schälen und in feine Scheiben schneiden und in einer Pfanne mit Rapskernöl andünsten.

5) Die rote Beete zusammen mit dem Dressing auf die Teller geben. Dann die Zwiebeln mit dem Öl aus der Pfanne zusammen mit den restlichen Brombeeren auf dem Teller dekorieren und servieren.

*Farbenprächtige Wurzeln,
die für ein Genusserlebnis stehen.*

Attraktive Rote-Beete-Reispfanne
mit Chili-Äpfeln

Zutaten für 4 Personen

400 g Rote Beete
300 g Basmatireis
1 l Gemüsebrühe
1 Zwiebel
Öl
Salz, Pfeffer

Für die Chili-Äpfel

1-2 Äpfel
1 Zitrone
1 EL Kokosöl
1 TL Zucker
falls vorhanden: 1 TL Chilipulver

Zubereitung (50 min)

1) Den Reis in einer Gemüsebrühe ca. 15 Minuten lang köcheln lassen.

2) In einem anderen Topf die Zwiebeln in Öl andünsten. Währenddessen rote Beete schälen und in kleine quadratische Stückchen schneiden.

3) Wenn die Zwiebeln glasig sind, wird die klein geschnittene rote Beete zugefügt und zusammen ca. 10 Minuten köcheln lassen.

4) Der Reis abgießen (etwas Gemüsebrühe aufbewahren), sobald die rote Beete gar ist. Dann den Reis zu der rote Beete geben und gut miteinander vermengen. Nun noch ein bisschen von der aufgefangenen Gemüsebrühe hinzufügen als auch die Hälfte des Zitronensafts.

5) Jetzt die Reispfanne mit Salz und Pfeffer abgeschmecken.

6) In einer anderen Pfanne Kokosöl erhitzen und ein Apfel ungefähr achteln und mit Zitronensaft beträufelen. In die Pfanne nun noch etwas Zucker und Chilipulver reinstreuen.

7) Jetzt die Apfelspalten in die Pfanne hinzugeben. Zwischendurch wenden, bis die Apfelspalten leicht braun sind.

Zum Schluss wird die Rote-Beete-Reispfanne mit den Apfelspalten zusammen serviert. Ein Feinschmeckergenuss wie in einem Sternerestaurant.

Kraftvolle Calzone
gefüllt mit roter Beete

Zutaten für 3 Personen

400 g Mehl
½ Würfel Hefe
Salz
4 EL Rapskernöl
Kokosöl
200 ml Wasser
300 g Rote Beete
150 g Spinat
200 g veganer Feta
150 g Seidentofu
1 Stange Lauch
Hefeflocken
2 Knoblauchzehen

Zubereitung (60 min + Ruhezeit)

1) Zuerst das Mehl mit einem Teelöffel Salz in eine Schüssel geben. Dann die Hefe in lauwarmem Wasser zerkrümeln und mit dem Rapskernöl zusammen in die Schüssel mit dem Mehl geben und zu einem Teig verrühren.

2) Der Teig ruht dann an einem warmen Ort zugedeckt unter einem Geschirrhandtuch für 1 Stunde.

3) In der Zwischenzeit die rote Beete waschen und schälen. Danach die rote Beete raspeln.

4) Jetzt den Lauch waschen, in der Mitte längs durchschneiden und in kleine Streifen schneiden.

5) Nun etwas Kokosöl in der Pfanne erhitzen und den Lauch, die rote Beete und einige Haferflocken hinzugeben und ein paar Minuten dünsten.

6) Dabei den Spinat waschen, Feta in kleine Stücke schneiden und gemeinsam in die Pfanne geben, um noch ein paar Minuten zu dünsten.

7) Zum Schluss noch Seidentofu und Spinat hinzugeben und alles gut miteinander vermischen.

8) Sobald der Teig fertig ist, ihn nochmal durchkneten und in 4 Stücke teilen. Ein Stück zu einer Kugel formen und als Kreis ausrollen. Das gleiche geschieht mit den anderen 3 Stücken. Der runde Teig sollte etwa ½ cm dick sein.

9) Ein runden Teig jetzt auf ein mit Backpapier ausgelegtes Backblech legen. Nun die Füllung aus der Pfanne auf den runden Fladen legen und die zweite Hälfte darüber klappen und an den Rändern festdrücken und mit einer Gabel die Ränder nochmal leicht andrücken.

10) Danach die Fladen mit Öl bestreichen und bei 180 Grad 15 Minuten lang im Backofen backen. Falls die Fladen zu dunkel werden, die letzten Minuten mit Alufolie bedecken.

Hierzu passt als Beilage wunderbar ein einfacher Karottensalat.

Lieblingsrezepte - Gute-Laune-Wurzel

Rote-Beete-Salat
mit Nüssen und Feta

Zutaten für 4 Personen

600 g rote Beete/gelbe Beete
200 g Feta

Dressing

2 EL Holunderblütenessig
4 EL Rapskernöl
1 EL Agavendicksaft
1 Prise Koriander
Salz
Pfeffer

Zubereitung (30 min)

1) Die rote/gelbe Beete waschen und in mundgerechte Stücke schneiden. Dann die Beete in einem Topf mit heißem Wasser ca. 10 Minuten köcheln lassen.

2) In der Zwischenzeit die Walnüsse und den Feta klein schneiden.

3) Danach das Dressing anrühren.

4) Sobald die Beete gar ist, das Wasser abgießen, die Beete in eine Salatschüssel geben und mit dem klein geschnittenen Fetakäse unterrühren. Zum Schluss über den Rote-Beete-Salat das Dressing verteilen und die Walnüsse auf den Salat dekorieren.

Ein echter Meilenstein unter den Wurzelsalaten, Wurzelpower pur mit Glücksfaktor

Lieblingsrezepte - Wurzelernte

Krosse
Rote- Beete- Pizza

Zutaten für 4 Personen

Pizza-Teig

200 g Mehl
½ TL Salz
100 ml lauwarmes Wasser
½ Würfel frische Hefe
1 EL Olivenöl

Für den Belag

150 g rote Beete
100 g Babyspinat
100 g veganer Schafskäse
1 Knoblauchzehe
Salz/Pfeffer
1 EL Balsamicoessig

Zubereitung (60 min)

1) Alle Zutaten für den Teig miteinander verrühren und dann in eine Schüssel abfüllen. Die Schüssel mit einem Handtuch abdecken und den Teig an einem warmen Ort 30 Minuten gehen lassen.

2) In der Zwischenzeit die rote Beete waschen und schälen. Die rote Beete nun klein reiben. Den Knoblauch ebenfalls schälen, klein schneiden und mit dem Essig zu der geriebenen rote Beete hinzugeben und mit etwas Salz und Pfeffer abschmecken. Nun die Masse auf der Pizza verteilen.

3) Den veganen Schafskäse in kleine Stücke schneiden und auf die Pizza streuen und in den Ofen für 20 Minuten bei 180 Grad backen.

4) Währenddessen den Babyspinat waschen und am Ende der Garzeit auf der Pizza verteilen.

Einen gesegneten Appetit.

Verlockender Rote-Beete Schokoladenkuchen

Zutaten

250 g Mehl
180 g rote Beete
160 ml Mandelmilch
170 ml Rapsöl
140 g Zucker
60 g Kakaopulver
1 Beutel Vanillezucker
1 EL Flohsamen
5 EL Wasser
2 TL Backpulver
1 EL Apfelessig
1 TL Zimt
20 g Kakaonibs

Zubereitung (90 min)

1) Die Flohsamenschalen in einer Schale mit 5 EL Wasser vermengen. Die rote Beete in eine andere Schale raspeln.

2) Mehl, Mandelmilch, Rapsöl, Zucker, Kakaopulver, Vanillezucker, Backpulver, Essig, Flohsamenschalen und Zimt in eine Schüssel geben und miteinander verrühren.

3) Dann werden die rote Beete Raspeln unter den Teige gehoben und alles miteinander verrührt.

4) Den Teig in eine Kastenform geben und mit den Kakaonibs bestreuen. Anschließend 60 Minuten im Ofen backen lassen.

5) In der Form abkühlen lassen und servieren.

Köstlich, genussvoll, aromatisch ... einfach lecker.

Tipp: Da ich durch meine rote Farbe stark abfärbe, empfiehlt es sich Handschuhe beim Schneiden zu tragen.

Genussvoller Karottenkuchen mit Cashew Cream

Zutaten

Teig

130 g Mehl
270g geraspelte Karotten
180 g gemahlene Mandeln
100 ml Rapsöl
100 ml Mandelmilch
270 g Karotten
2 EL Agavendicksaft
1 Prise Anis
1 TL Ingwer
¼ TL Muskat
2 TL Zimt
½ TL Zitronenschalen
1 TL Backpulver
1 TL Vanillezucker
70 g Zucker
1 TL Essig

Überzug

100 g Cashewnüsse (über Nacht in Wasser einweichen)
etwas Wasser
Zitronensaft
Ein Spritzer Agavendicksaft

Zubereitung (40 min + Einweichzeit)

1) Die Karotten raspeln und dann alle Zutaten in einer Schüssel miteinander vermengen und in eine Kuchenform füllen.

2) Bei 180 Grad für etwa 20 Minuten im Backofen belassen.

3) Die Cashewnüsse, etwas Wasser, einen Spritzer Agavendicksaft und Zitronensaft im Mixer verrühren und die Creme auf den fertigen Kuchen auftragen.

Zum Reinlegen gut mit Glücksfaktor.

Karottenkuchen haben wir zum ersten Mal in Irland gegessen. Und seitdem wir dieses Rezept haben, genießen wir den würzigen und saftigen Geschmack auch zu Hause.

Aromatische Rote-Beete-Apfel Suppe
mit Feta

Zutaten für 3 Personen

500 g Rote Beete
1 l Gemüsebrühe
150 g veganer Schafskäse
1 Kartoffel
2 Äpfel
1 Zwiebel
1 Knoblauchzehe
1-2 EL Zitronensaft
½ Bund Petersilie
Schnittlauch
Salz
Pfeffer

Alternativ können statt des Fetas auch weiße Bohnen genommen werden.

Zubereitung (40 min)

1) Die geschnittene Zwiebel und Knoblauchzehe in Kokosöl andünsten.

2) Dann die gewaschene rote Beete, die Kartoffel und die Äpfel klein schneiden, mit Gemüsebrühe in den Topf zufügen und ca. 15-20 Minuten gar kochen

3) Alles nun mit den Zitronensaft und der Petersilie zusammen im Mixer pürieren und mit Salz und Pfeffer abschmecken.

4) Zuletzt den Schnittlauch reinschneiden mit veganen Schafskäsewürfeln.

**Weil schlicht einfach gut ist.
Wurzelgenuss pur.**

Borschtsch mit Power

Zutaten für 3 Personen

2 Rote Beete
1 Karotte
1 Staudensellerie
400 g Tomaten oder 1 Dose Tomaten
1 große Zwiebel
2 Knoblauchzehen
1,5 l Gemüsebrühe
200 g Pflanzensahne
2 Lorbeerblätter
2-3 Nelken
2 EL Zitronensaft
Salz
Pfeffer

Zubereitung (60 min)

1) Als erstes die Zwiebel und den Knoblauch schälen, klein schneiden und in einem Topf mit Kokosöl andünsten.

2) Dann die rote Beete, die Karotte und die Staudensellerie klein schneiden und in den Topf dazu fügen und ca. 5 Minuten mit andünsten. Die Tomaten hinzufügen und 2 bis 3 Minuten mit köcheln lassen.

3) Als nächstes Gemüsebrühe, Lorbeerblätter und Nelken hinzufügen und alles einmal aufkochen lassen. Danach das ganze nochmal ca. 30 Minuten abgedeckt leicht köcheln lassen.

4) Zum Schluss Zitronensaft in die Suppe unterrühren und mit Salz und Pfeffer abschmecken.

Ein klassisches Hauptgericht mit Wohlfühlcharakter.

Scorzonera hispanica

Schwarzwurzel

Die spanische Wurzel – Delikatesse unter schwarzer Haut

Was mich ausmacht

Ich gehöre zu den Korbblütengewächsen und bilde eine gelbe Blüte aus. Ich bin eine zweijährige Pflanze. Das bedeutet, dass ich im ersten Jahr lange Pfahlwurzeln ausbilde und im zweiten Jahr meine Blütenbildung beginnt. Ich bin ein Starkzehrer und winterhart. Meine Aussaat erfolgt im März / April.

Was ich kann

Ich belohne mit einem köstlichen Geschmack, der an eine Mischung aus Spargel und Blumenkohl erinnert, bin allerdings etwas intensiver und nussiger.
Ich hebe mich durch meinen hohen Gehalt an Folsäure, Kalium, Vitamin E und B als auch Calcium, Magnesium und sehr viel Eisen ab. Ich besitze Inulin, das bedeutet, dass ich mich gut für Diabetiker eigne. Zudem verbessert Inulin die Darmflora und schützt vor Herz-Kreislauf-Erkrankungen. Das ist aber noch nicht alles. Ich habe auch eine harntreibende und cholesterinsenkende Wirkung. Ebenfalls besitze ich den Stoff Allantoin, der die Zellbildung fördert und unterstützt.

Meine Samen

Wenn meine Wurzel im Winter stehen bleibt, setze ich im nächsten Jahr Blüten an, aus denen meine Samen hervorgehen.

Meine Wurzel

Ich werde ab Oktober geerntet. Über den gesamten Winter ist eine Ernte möglich, solange es frostfrei ist. Auch meine Blätter sind essbar und können als Salat verwendet werden. Meine Wurzeln können nur im ersten und zweiten Jahr vor meiner Blütenbildung genutzt werden. Danach verholze ich.
Ich eigne mich hervorragend für Suppen, Gemüse und Auflaufgerichte.

Mein Tipp

Bei der Ernte und Zubereitung meiner Wurzel bitte Handschuhe anziehen, da mein Milchsaft braun abfärbt.

„Zurück zur Natur!"
– Jean-Jacques Rousseau –

Umwerfendes Schwarzwurzelgratin

Zutaten für 4 Personen

600 g Schwarzwurzeln
600 g Kartoffeln
2 EL Zitronensaft
2 Knoblauchzehen
1 Zwiebel
150 g veganen Käse
150 g Seidentofu
Salz
Pfeffer
Muskat
Paprika

Zubereitung (60 min)

1) Als erstes 1/2 l Wasser mit dem Zitronensaft in einem Topf mischen. Dann die Schwarzwurzeln mit Handschuhen schälen und in ca. 2-3 cm lange Stücke schneiden und in das vorbereitete Zitronenwasser legen.

2) Jetzt die Kartoffeln schälen und in Scheiben schneiden.

3) Nun dem Zitronenwasser noch Salz hinzufügen und die Schwarzwurzeln und die Kartoffeln ca. 15 Minuten köcheln lassen.

4) In der Zwischenzeit die Zwiebel und den Knoblauch schälen, fein schneiden und in einer Pfanne mit Kokosöl andünsten.

5) Schwarzwurzeln, Kartoffeln, Zwiebeln, Knoblauch, Seidentofu und Gewürze vermischen und in eine mit Margarine gefettete Auflaufform geben. Dann den veganen Käse darüber streuen.

6) Das Gratin jetzt ca. 20 Minuten backen.

Dazu passt auch ein einfacher grüner Salat als Beilage. Lassen Sie sich das Feinschmecker-Gratin gut schmecken.

Bissfeste Maispolenta mit Schwarzwurzeln und einem Grünkohlpesto

Zutaten für 4 Personen

125 g Maisgrieß
1 Glas Mais
250 g Schwarzwurzeln
200 ml Tomatensoße
100 g Grünkohl
100 g weiße Bohnen od. Sojabohnen
100 ml Mandelmilch
1 Zwiebel
2 Knoblauchzehen
50 g Cashew- oder Walnüsse
50 g veganen Parmesan
2 EL Zitronensaft
2 EL Olivenöl
Rapskernöl
Gemüsebrühe
Salz
Pfeffer
Muskatnuss

Zubereitung (70 min)

1) Grünkohlblätter waschen und in einem Topf mit kochendem Wasser 2-3 Minuten blanchieren und dann mit kaltem Wasser abschrecken und abtropfen lassen.

2) Als nächstes den Knoblauch schälen und klein schneiden. Den Grünkohl gleichermaßen klein schneiden und gemeinsam mit dem Knoblauch, Parmesan, Walnüsse, dem Zitronensaft und dem Olivenöl in einen Mixer geben und pürieren. Nun noch Salz und Pfeffer dazugeben und abschmecken. Fertig ist das Grünkohlpesto.

3) Im nächsten Schritt sind die Zwiebel und die Schwarzwurzeln zu schälen. Die Schwarzwurzel ist in ca. 1 cm breite Stücke zu schneiden. Alles zusammen wird in einer Pfanne mit heißem Kokosöl ca. 5-7 Minuten gedünstet.

4) Die weißen Bohnen müssen nun ca. 15 min. kochen in Salzwasser, bevor man sie abgießt und mit der Tomatensoße versetzt, mit Salz und Pfeffer abschmeckt und nochmals erwärmt.

5) Danach 500 ml Wasser aufkochen, 1 EL Gemüsebrühe hinzugeben, die Mandelmilch als auch Pfeffer und Muskat und den Maisgrieß einrühren und bei leichter Hitze ungefähr 10 Minuten aufquellen lassen und immer wieder umrühren.

6) Den Mais pürieren und unter den Maisgrieß unter rühren und noch ein wenig erhitzen.

7) Jetzt kann die fertige Polenta mit den Bohnen, dem Grünkohlpesto und den Schwarzwurzeln zusammen serviert werden.

Lukullischer Genuss mit der geballten Wurzelkraft aus der Erde.

Winterliche Schwarzwurzeltarte

Zutaten für 3-4 Personen

Teig

200 g Mehl
150 g Margarine
2 EL Sojajoghurt
Salz

Belag

750 g Schwarzwurzeln
100 g Räuchertofu
1 Zwiebel
1 Zweig Rosmarin
1 EL Margarine
1 EL Kokosöl
3 EL Zitronensaft
1 EL Haferflocken
1 EL Gemüsebrühe
Salz

Zubereitung (90 min)

1) Alle Zutaten für den Teig zu einer Masse verrühren. Damit der Teig nicht kleben bleibt, den Teig zwischen 2 Lagen Backpapier ausrollen. Anschließend den ausgerollten Teig für ca. 1 Stunde in den Kühlschrank stellen.

2) In der Zwischenzeit den Räuchertofu in kleine quadratische Stücke schneiden.

3) Danach die Schwarzwurzeln mit Handschuhen schälen und in dünne Scheiben schneiden und in Zitronenwasser legen.

4) Nun die Zwiebel schälen und fein schneiden. Im Anschluss die feingeschnittene Zwiebel in eine Pfanne mit Kokosöl geben und etwas andünsten.

5) Im nächsten Schritt die Schwarzwurzeln, den in kleine Stücke geschnittenen Räuchertofu und die Rosmarinblättchen, Haferflocken und die Gemüsebrühe hinzugeben und ca. 10 Minuten mitdünsten lassen.

6) Nun die Tarteform mit Margarine einreiben und alles aus der Pfanne in die Tarteform füllen.

7) Wenn die Stunde vorüber ist, wird der Teig aus dem Kühlschrank genommen und das erste Backpapier abgezogen und auf die Tarteform gelegt. Jetzt wird noch das zweite Backpapier entfernt und der Teig wird nach innen an die Form gedrückt.

8) Jetzt wird die Tarte bei ca. 180 Grad im Backofen für 20-30 Minuten gebacken.

9) Wenn die Tarte goldbraun ist, wird sie auf einen großen Teller gestürzt.

Ein wunderbares Gericht, das von innen Herz und Seele erwärmt.

Sonniges Kokoscurry mit Schwarzwurzeln

Zutaten für 2-3 Personen

500 g Schwarzwurzeln
200 g Champignons
150 g Basmatireis
1 Bund Zwiebeln
1 rote Chilischote
3 EL Kokosöl
2 EL Sojasauce
1 Dose Kokosmilch 400 g
3 EL Zitronensaft
1 TL Curry
Salz
Pfeffer

Zubereitung (40 min)

1) Als erstes den Reis in einem Topf mit Salzwasser aufsetzen und ca. 20 min. köcheln lassen.

2) In der Zwischenzeit die Zwiebel schälen und zusammen mit dem Chili in feine kleine Stücke schneiden.

3) Nun die Zwiebel und die Chili in der Pfanne mit Kokosöl andünsten.

4) Jetzt die Champignons putzen und in kleine Scheiben schneiden.

5) Dann die Schwarzwurzeln waschen, mit Handschuhen schälen und in kleine Stücke schneiden.

6) Anschließend die Champignons und die Schwarzwurzeln mit in die Pfanne geben und ca. 10 Minuten mitdünsten lassen. Kokosmilch, Zitronensaft und Curry nach ca. 5 Minuten mit dazugeben.

7) Wenn die Schwarzwurzeln gar sind, wird noch mit Salz und Pfeffer abgeschmeckt und der abgegossene Reis wird in der Pfanne mit dem Gemüse vermengt.

Fertig ist ein wunderbares Wohlfühlgericht.

Wohlschmeckende Rote-Linsen-Reispfanne
mit Schwarzwurzeln

Zutaten für 3 Personen

250 g Rote Linsen Reis
1 Zwiebel
1 Lauchstange
500 g Schwarzwurzel
Sojasauce
Kokosöl
Salz, Curry

Zubereitung (40 min)

1) Zuerst die Zwiebel schälen, schneiden und dünsten in einer Pfanne mit Kokosöl.

2) In einem anderen Topf den Rote-Linsen-Reis in Salzwasser 15-20 Minuten köcheln lassen.

3) In der Zwischenzeit schälen Sie die Schwarzwurzeln und schneiden diese in kleine Stücke. Die Lauchstange halbieren und in feine Ringe schneiden. Dann auch die Schwarzwurzeln und den Lauch in der Pfanne mit den Zwiebeln 10-15 Minuten mit dünsten. Löschen Sie das Gemüse mit Sojasauce ab.

4) Wenn der Reis gar ist, gießen Sie das Wasser ab. Sobald die Schwarzwurzeln bissfest sind, geben Sie den Reis in die Pfanne und vermischen alles miteinander.

5) Würzen Sie die Gemüsepfanne nun noch mit Curry und ggf. Salz.

Genießen Sie nun die herzhafte Reispfanne mit Schwarzwurzeln – Wurzeln vom Feinsten.

Überraschungs-Pasta
mit Schwarzwurzeln

Zutaten für 2 Personen

4-5 große Stangen Schwarzwurzeln
300 g Volanti-Nudeln oder Rigatoni
3 Knoblauchzehen
1 Zwiebel
4 EL Kokosöl
3-4 EL Tomatenmark
200 g Erbsen
1-2 EL Kapern
50 g schwarze Oliven
1 halber TL gemahlene Fenchelsamen, wenn vorhanden
Petersilie zum Bestreuen
1 EL Agavendicksaft
Zitronensaft
Salz/Pfeffer

Zubereitung (40 min)

1) Als erstes die Zwiebel und die Knoblauchzehen schälen, fein schneiden und in einer Pfanne mit Kokosöl andünsten.

2) Danach die Schwarzwurzeln waschen, mit Handschuhen schälen, in kleine Stücke schneiden und in Zitronenwasser legen.

3) Jetzt die Volantinudeln in einen Kochtopf mit Salzwasser gegeben und ca. 10 Minuten köcheln.

4) In der Zwischenzeit die Schwarzwurzeln zu den Zwiebeln und dem Knoblauch geben und mit dünsten. Nach 1-2 Minuten das Tomatenmark mit ein wenig Wasser hinzufügen.

5) Zum Schluss Erbsen und Agavendicksaft hinzufügen sowie die Kapern, gemahlener Fenchel und die Oliven mit erwärmen. Dann noch mit Salz und Pfeffer abschmecken.

6) Sobald die Nudeln fertig sind, kann das tomatige Schwarzwurzelgemüse aus der Pfanne auf die Pasta gegeben werden.

Ein außergewöhnliches Pastagericht zum Genießen.

Helianthus tuberosus

Topinambur

Sonnenwurzel mit indigenen Wurzeln

Was mich ausmacht

Ich bin ein Korbblütengewächs. Ich bekomme im Herbst eine schöne gelbe Blüte und kann bis zu 2-3 m hoch werden. Ich bin extrem anspruchslos und winterhart. Interessanterweise bin ich mit der Sonnenblume verwandt, die sich auch in meiner Blüte widerspiegelt. Ich werde als Knolle ca. 10 cm tief gepflanzt. Ich bin auch unter den Namen „Jerusalemartischocke" und „Ewigkeitskartoffel" bekannt.

Was ich kann

Ich bin nicht nur ein kulinarisches Highlight, sondern auch ein Heilmittel. Ich enthalte viel Inulin, das als Präbiotika gilt und die Darmflora und damit auch die Abwehrkräfte stärkt. Zudem schütze ich vor Magen-Darm-Erkrankungen, bin cholesterinsenkend und helfe auch bei Diabetes. Ich werde deswegen auch als Diabetikerkartoffel bezeichnet. Außerdem beinhalte ich die Vitamine B1, B3, C als auch Folsäure, Eisen, Kalium und Phosphor. Ich bin eine echt tolle Knolle.

Meine Samen

Ich werde ausschließlich über meine Knollen vermehrt.

Meine Wurzel

Die Ernte meiner Wurzel kann ab dem Herbst erfolgen. Über den gesamten Winter ist eine Ernte möglich, solange es frostfrei ist. Meine Wurzel wird ausgegraben. Dabei ist darauf zu achten, dass ein paar kleine Knollen von mir stehen bleiben, damit ich im nächsten Jahr wieder Tochterknollen ausbilden und für die Ernte im nächsten Jahr sorgen kann. Meine Wurzel wird gewaschen und kann dann als Gemüse verarbeitet werden. Ich sollte immer mit Schale verwendet werden, da sich in meiner Schale unheimlich viele Inhaltsstoffe verbergen.

Mein Anbautipp

Da ich sehr hoch werde, ist ein Platz am Beetrand empfehlenswert.

Heilsame Rezepte

Anwendung bei Rheuma und Hautproblemen

Eine frische Topinamburknolle fein raspeln und auf die betroffene Hautpartie 2 x täglich für 15 - 20 Minuten auflegen. Wenn das zu intensiv ist, zusätzlich ein Stückchen Gazestoff unterlegen.

Anwendung bei trockener Haut

Eine Handvoll frische oder getrocknete Stängel und Blätter auf einen Liter Tee aufsetzen und ½ Stunde ziehen lassen. Danach den Sud in das Badewasser hinzugeben und das Bad genießen.

„Das Leben, das uns von Natur aus gegeben ist, ist kurz; aber die Erinnerung an ein gut verbrachtes Leben ist ewig"

– Cicero

Lieblingsrezepte - Ein echter Alleskönner

Kräuterbrot
mit Topinambur

Zutaten für 3-4 Personen

2-3 Topinambur
1 Möhre
Kräuter wie z.B. Thymian, Petersilie, Basilikum, Rosmarin, Petersilie
500 g Dinkelmehl
100 ml Mandelmilch
100 ml Wasser
2 EL Backpulver
2 EL Agavendicksaft
½ TL Salz

Zubereitung (70 min)

1) Topinambur und Möhre gut waschen und klein raspeln.

2) Eine Handvoll Kräuter klein schneiden.

3) Alle Zutaten in einer Schüssel miteinander vermischen und gut zu einem Teig vermengen und in eine mit Margarine eingefettete Backform füllen.

Ca. 50 Minuten bei 180 Grad backen, zwischendurch mit einem Zahnstocher überprüfen, ob das Brot gut ist (es darf kein Teig am Zahnstocher kleben bleiben).

**Ein Wohlfühlrezept:
Wurzelvielfalt in Brotform.**

Wohltuende Möhren-Topinambur-Thymian-Suppe

Zutaten für 2 Personen

400 g Topinambur
400 Karotten
3 Knoblauchzehen
2 Zwiebeln
1 l Gemüsebrühe
frischer Thymian
Kokosöl
½ Zitrone
Salz, Pfeffer

Zubereitung (40 min)

1) Die fein gehackten Zwiebeln und Knoblauchzehen mit dem Kokosöl im Topf dünsten.

2) Den Topinambur und die Möhren in der Zwischenzeit waschen und kleinschneiden. Beides wird im Topf ca. 5 Minuten angebraten.

3) Dann die Gemüsebrühe und den klein geschnittenen Thymian zugeben und 20 Minuten köcheln lassen.

4) Wenn alle Zutaten weich sind, wird der Zitronensaft, Salz und Pfeffer zugefügt und püriert.

5) Für die Deko können Sie ein paar Thymianblättchen nutzen.

Mit einer Scheibe Brot mit Kräuter- oder Bärlauchmargarine schmeckt die Suppe einfach himmlisch. Ein echter Seelenwärmer!

Tipp: Im Frühjahr mache ich mehr **Bärlauchmargarine** als wir benötigen und friere davon ein paar Packungen ein. So haben wir auch im Winter leckere und würzige Bärlauchbrote.

Grüner Salat
mit Topinambur und Orangen

Zutaten für 3 Personen

- 2 Handvoll Babyspinat
- 2 Handvoll Feldsalat
- 2-3 Topinamburknollen
- 2 Orangen
- 3 EL Sonnenblumenkerne
- 1 EL Leinsamen

Dressing

- 4 EL Rapskernöl
- 4 EL Holunderblütenessig
- 1 EL Agavendickdsaft
- Salz
- Pfeffer

Zubereitung (15 min)

1) Topinambur, Spinat und Feldsalat gut waschen, den Feldsalat klein zupfen und mit dem Spinat in die Salatschüssel geben.

2) Topinambur und die Orangen in dünne Scheiben schneiden, hälfteln und alles zusammen mit den Sonnenblumenkernen in die Salatschüssel unterheben.

3) Alle Zutaten des Dressings miteinander verrühren und auf dem Salat verteilen.

4) Zum Schluss die Leinsamen über den Salat streuen.

Geniessen Sie nun einen feinen herbstlichen Salat mit Wohlfühlcharakter.

Leckere Topinambur-Fritten
mit Zitronen-Dip

Zutaten für 2 Personen

4-6 Topinambur
Marinade
1 TL Rosmarin
1 Prise Zimt
¼ TL Ingwerpulver
½ TL Cayennepfeffer
1 TL Agavendicksaft
3 EL Olivenöl
3 EL Paniermehl
Meersalz

Zitronen-Dip

100 g Seidentofu
4 EL Sojajoghurt
1 EL Petersilie
2-3 EL Schnittlauch
1 TL Zitronensaft
1 TL Agavendicksaft

Zubereitung (45 min)

1) Den Topinambur waschen und zu Stiften bzw. Fritten schneiden.

2) Den Backofen auf 200 Grad vorheizen.

3) Den Rosmarin klein hacken und mit Zimt, Ingwerpulver, Cayennepfeffer, Agavendicksaft, Olivenöl und ein bisschen Meersalz in einer Schale vermischen. Die Topinambur-Fritten in der Schüssel mit der Marinade beträufeln und mit dem Paniermehl bestreuen. Anschließend auf ein Backblech mit Backpapier legen und für 25-30 Minuten backen. Nach ca. 15 Minuten die Fritten zwischendurch wenden.

4) In der Zwischenzeit die Petersilie und den Schnittlauch klein schneiden. Dann alle Zutaten für den Dip miteinander verrühren und abschmecken.

5) Sobald die Topinambur-Fritten fertig sind, kann man sie mit dem Dip zusammen servieren.

Guten Appetit bei diesen gesunden und köstlichen Fritten, zum Reinsetzen gut. Ein Seelentröster in der kalten Jahreszeit.

Tipp: Die Fritten können Sie alternativ auch aus Pastinake, Petersilienwurzel oder Kohlrabi machen.

Verführerische Topinambur-Chips
mit Sour Cream

Zutaten für 2 Personen

Chips

500 g Topinambur
500 ml Öl zum Frittieren
Salz, Paprika

Sour Cream

250 g Seidentofu
1 Knoblauchzehe
Schnittlauch
½ Zitrone
Salz, Pfeffer

Zubereitung (45 min)

1) Als erstes den Topinambur waschen und dann mit einer Reibe in dünne Scheiben hobeln.

2) Das Öl in einen Topf füllen, erhitzen und die Topinamburscheiben in den Topf zum Frittieren geben.

3) Währenddessen die Knoblauchzehe schälen und sehr fein schneiden, mit dem Seidentofu verrühren und den Schnittlauch mit einer Schere ganz fein in den Seidentofu schneiden.

4) Nun noch ½ Zitrone auspressen und den Saft in den Dip geben und gut miteinander verrühren. Bei Bedarf noch mit Salz abschmecken und fertig ist die Sour Cream.

5) Wenn die Topinamburscheiben kross aussehen, herausnehmen und noch mit Salz und Paprika würzen.

Die Topinamburchips können kalt oder warm mit Sour Cream genossen werden.

Lieblingsrezepte - Seelenwärmer für graue Herbsttage

Cremiges Risotto
mit Topinambur und Salbei

Zutaten für 4 Personen

4 Topinamburknollen
3 Tassen Reis
6 Tassen Wasser mit Gemüsebrühe
2 Mohrrüben
1 Zwiebel
3 Knoblauchzehen
Schale von 1 Zitrone
Zitronensaft von 1/2 Zitrone
2 Stängel Salbei
Schnittlauch
Kokosöl

Zubereitung (40 min)

1) Die Zwiebel und die Knoblauchzehe fein schneiden und in Kokosöl mit der Zitronenschale zusammen ca. 5 Minuten in einem Topf andünsten.

2) Danach das Wasser mit der Gemüsebrühe und dem Risottoreis in den Topf hinzufügen und insgesamt ca. 20 Minuten köcheln lassen, regelmäßig den Reis umrühren.

3) Währenddessen den Topinambur waschen, 2 Knollen davon klein raspeln, die beiden anderen Knollen in quadratische Stücke schneiden.

4) Die beiden Mohrrüben werden nun gleichermaßen klein geraspelt.

5) Nachdem der Risotto ca. 10 Minuten geköchelt hat, fügt man die quadratischen Topinamburstücke und Salbeistängel mit hinzu und lässt sie die letzten 10 Minuten mitköcheln.

6) Wenn der Risottoreis angenehm cremig und bissfest ist, fügt man die Raspeln vom Topinambur und Möhre als auch der Zitronensaft hinzu und rührt diese unter. Gleichzeitig nimmt man die Salbeistängel aus dem Risotto raus. Das Risotto dann noch 1-2 Minuten bei ausgeschalteter Herdplatte auf der Platte ziehen lassen.

7) Je nach gewünschter Intensität werden die einzelnen Salbeiblätter von dem herausgenommenen Stängel auf das Gericht gegeben.

Lassen Sie sich nun ein wunderbar cremiges Risotto mit viel Wurzelpower schmecken.

Liebliche Topinambur-Suppe mit Quitten

Zutaten für 2-3 Personen

400 g Topinambur
200 g Quitten
1 Schalotte
1 TL Kokosöl
600 ml Gemüsebrühe
100 ml Hafermilch
1 EL Zitronensaft
Salz/Pfeffer

Zubereitung (40 min)

1) Die Schalotte schälen und fein schneiden. Im Anschluss mit Kokosöl im Topf glasig dünsten.

2) Die Quitten waschen und vierteln, als auch den Topinambur waschen und in kleine Stücke schneiden. Alles in den Topf zu den Schalotten geben und ca. 5 Minuten anbraten. Dann die Gemüsebrühe und die Hafermilch hinzugeben und 20 Minuten köcheln lassen, bis die Quitten und der Topinambur gar sind.

3) Nun mit dem Pürierstab pürieren und mit Zitronensaft, Salz und Pfeffer abschmecken.

Genießen Sie jetzt eine leicht fruchtige Wurzelsuppe.

Feines Carpaccio vom Topinambur
mit einer Schalotten-Holundervinaigrette

Zutaten für 4 Personen

4 Topinambur
1-2 Schalotten
3 EL Rapskernöl
1 EL Holunderblütenessig
1 TL Senf
Salz
Pfeffer
Schnittlauch

Zubereitung (30 min)

1) Als erstes die Vinaigrette anrühren mit dem Rapskernöl, Holunderblütenessig, Senf, Salz und Pfeffer.

2) Danach werden die Schalotten und der Schnittlauch ganz fein geschnitten.

3) Im nächsten Schritt wird der Topinambur gewaschen und in ganz feine Scheiben geschnitten und auf die vorbereiteten Teller gelegt. Als nächstes werden die Schalotten und der Schnittlauch darüber gestreut und zum Schluss wird die Vinaigrette über die Vorspeise geträufelt.

Eine äußerst leckere und schnell gemachte Vorspeise.

Erdige Topinambur-„Kartoffeln"
mit Rosmarin

Zutaten für 2 Personen

700 g Topinambur
4-5 Zweige Rosmarin
5 EL Olivenöl
Salz, Pfeffer

Dip

100 g Sojajogurt
100 ml Rapskernöl
1 EL Holunderblütenessig
Saft von 1/2 Zitrone
1 TL Senf
1 Knoblauchzehe
Salz

Zubereitung (40 min)

1) Den Topinambur gut waschen und dann in Scheiben schneiden. Die Rosmarinnadeln abzupfen und zusätzlich klein schneiden.

2) Jetzt die Topinamburscheiben auf das mit Backpapier ausgelegte Backblech legen und mit dem Olivenöl beträufeln, mit Rosmarin bestreuen, etwas salzen und pfeffern und dann im Backofen bei ca. 180 Grad etwa 20-25 Minuten backen.

Zubereitung Dip

1) Die Knoblauchzehe schälen und sehr fein schneiden. Dann alle Zutaten in einen Mixer geben und miteinander verrühren.

Guten Appetit bei dem leckeren „Wurzelgold"

Apfel-Topinambur-Flammkuchenstar

Zutaten für 4 Personen

300 g Mehl
1/2 Würfel Hefe
150 ml Wasser
Salz
1 EL Olivenöl
Für den Belag:
400 g Topinambur
100 g veganer Sauerrahm
100 g Räuchertofu
1 Zweig Salbei
1 Apfel
1 EL Olivenöl
Salz, Pfeffer

Zubereitung (90 min)

1) Das Mehl in eine Schüssel geben und die Hefe in die Mitte hinein krümeln. Einen Esslöffel Olivenöl, eine Prise Salz und 150 ml lauwarmes Wasser hinzufügen und anschließend den Teig verkneten. Über die Schüssel ein Geschirrhandtuch legen und 1 Stunde an einem warmen Ort gehen lassen.

2) In der Zwischenzeit den Topinambur waschen und in dünne Scheiben schneiden. Nun auch den Räuchertofu sowie den Apfel in kleine Stückchen schneiden und alles in eine Schüssel geben und ein wenig Olivenöl, Salz und Pfeffer hinzufügen und alles miteinander vermengen.

3) Sobald der Teig fertig ist, ihn zwischen 2 Backpapierfolien ausrollen. Danach den ausgerollten Teig mit veganem Sauerrahm bestreichen und für 5 Minuten in den Ofen bei 200 Grad geben.

4) Anschließend den Flammkuchen nochmals mit Sauerrahm bestreichen und die Topinambur-Apfel-Mischung aus der Schale auf dem Teig verteilen.

5) Der Flammkuchen nun bei 200 Grad ca. 10 Minuten weiter backen bis er schön knusprig ist.

Bon appetit.

Daucus carota

Wilde Möhre

Der Vorfahre unserer Möhre – die Wildknolle

Was mich ausmacht

Ich gehöre zu den weißen Doldenblütlern und bin eine zweijährige Pflanze. Ich bin die Urform unserer Mohrrübe. In der Natur komme ich weiterhin in der Wildform vor. Ich habe die gleiche Blüte wie unsere jetzige Mohrrübe. Unter meiner Blüte befindet sich ein grüner Blattkranz, der mich von vielen weißen Doldenblütlern unterscheidet. Wenn meine Blüte bereits verblüht ist, erinnere ich an Vogelnester.

Meine Samen

Meine Samen sind leicht anregend und gelten als Aphrodisiakum. Zudem steigern meine Samen die Milchproduktion bei stillenden Müttern. Meine Samen sind zudem menstruationsfördernd und können bei Blähungen eingesetzt werden.

Meine Wurzel

Meine weiße Wurzel kann im Sommer geerntet werden. Ich bin allerdings kleiner als die Mohrrübe.

Heilsame Rezepte

Meine Wurzel ist hilfreich bei Sehstörungen und Nachtblindheit. Wenn ich gerieben gegessen werde, vertreibe ich auch Spulwürmer. Zudem kann ich bei Magen- und Darmbeschwerden eingesetzt werden. Ebenso ist meine Wurzel entwurmend und harntreibend.

Tee (entwurmend und harntreibend)

Aus meinen Blättern und Samenkörnern nehmen Sie eine kleine Handvoll pro 1 Liter Wasser (5 Minuten ziehen lassen) und trinken davon 2 Tassen täglich.

„In der Hoffnung den Mond zu erreichen, vergisst der Mensch, auf die Blumen zu schauen, die zu seinen Füßen blühen."
- Albert Schweitzer

Sium sisarum

Zuckerwurz
Königliche Knolle

Was mich ausmacht

Ich gehöre zu den Doldenblütengewächsen und bilde eine weiße Blüte aus.

Ich gehöre zu den sogenannten Schwachzehrern und mag lockeren Boden. Ich benötige im Sommer eine kontinuierliche Wasserzufuhr. Ich werde im März/April ausgesät und bin eine mehrjährige Staude.

Meine Blätter können gegessen werden und zum Beispiel wie Petersilie verwendet werden. Mein lateinischer Name hört sich wie ein Zauberspruch an, ich bin auch ein edles königliches Gemüse, schmecke aber auch als Rohkost lecker.

Was ich kann

Ich helfe der Leber und bin verdauungsstärkend. Mir werden auch aphrodisierende Eigenschaften nachgesagt.

Meine Samen

Idealerweise werde ich im März vorgezogen. Denn ich habe eine relativ lange Keimdauer und brauche ein paar Wochen bis ich keime. Danach kann ich in humusreiche Erde gesetzt werden. Leichter werde ich vegetativ über meine Wurzel vermehrt.

Meine Wurzel

Ich bin ein ewiges Gemüse, wenn ein Teil meiner Wurzel im Erdreich verbleibt, ist der Ertrag für das nächste Jahr gesichert. Meine Ernte kann ab Ende Oktober erfolgen.

„Die Natur ist ein sehr gutes Beruhigungsmittel."

- Anton Pawlowitsch Tschechow -

Schmackhafter Rotkohlsalat
mit Zuckerwurz

Zutaten für 3-4 Personen

½ Rotkohl
1 Zwiebel/Schalotte
3 EL Holunderblütenessig
3 EL Rapskernöl
2-3 Zuckerwurzeln pro Person
1 EL Agavendicksaft
50 ml Gemüsebrühe
½ TL Ras el Hanout
Kokosöl
Salz, Pfeffer

Zubereitung (40 min)

1) Den Rotkohl waschen, den Strunk entfernen und dann den Rotkohl raspeln.

2) Die Zwiebel schälen, fein schneiden und in einer Pfanne mit Kokosöl andünsten und danach unter den Rotkohl mischen.

3) Den Holunderblütenessig, Rapskernöl, Agavendicksaft, Gemüsebrühe und Ras el Hanout zu einem Dressing mixen und über den Rotkohlsalat verteilen, den Salat im Anschluss eine halbe Stunde ziehen lassen und nochmal mit Salz und Pfeffer abschmecken.

4) Zuletzt die Zuckerwurzeln in der Pfanne mit Kokosöl von jeder Seite 1-2 Minuten andünsten und im Anschluss auf den Rotkohlsalat geben.

Wurzelglück in Kombination mit vielen gesunden roten Farbstoffen.

Königliches Kichererbsencurry
mit Zuckerwurz

Zutaten für 3 Personen

200 g Kichererbsen
1 Steckrübe
1 Stange Porree
1 Zwiebel
2 rote Chilis
4 EL Kokosöl
250 g Kokosmilch
300 g Ananas
500 ml Gemüsebrühe
1 kleines Stück Ingwer
2 TL Kreuzkümmel
2 TL Koriander
2 TL Kurkuma
1/2 TL Curry
1 EL Zitronensaft
1 TL Senf
½ TL Zimt
1 EL Tomatenmark

Zubereitung (90 min + Einweichzeit)

1) Die Kichererbsen über Nacht in einer Schüssel mit Wasser quellen lassen.

2) Die Kichererbsen in der Gemüsebrühe ca. 90 Minuten leicht köcheln lassen.

3) Jetzt Knoblauch, Zwiebel, Ingwer und Chili klein schneiden und in heißem Kokosöl in einem Topf andünsten. Nach ein paar Minuten das Tomatenmark dazu geben sowie auch die Gewürze Kreuzkümmel, Koriander, Kurkuma und Curry.

4) Dann die Steckrübe schälen und würfeln sowie den Porree in dünne Scheiben schneiden.

5) Jetzt das Gemüse mit Kokosmilch als auch Kichererbsen incl. Gemüsebrühe in den Topf geben. Damit das Gemüse noch gar wird, etwa 10 Minuten lang mit köcheln lassen.

6) Zum Schluss Zitronensaft, Senf und etwas Zimt hinzugeben und bei Bedarf noch mit etwas Salz abschmecken.

Ein königliches Menü mit einem gewissen Zauber.

Zwiebel

Allium

Ausdauernde Wurzelkraft

Was mich ausmacht

Ich gehöre zu den Lauchgewächsen und bin winterhart. Durch meinen Einsatz in der Küche als Geschmacksverstärker bin ich sehr bekannt und in fast jedem Haushalt zu finden.

Das besondere an mir ist, dass ich mehrjährig und sozusagen eine Staude bin. Ich werde grob in 4 Gruppen eingeteilt: Lauch- oder Frühlingszwiebeln, Schalotten, Sommer- oder Küchenzwiebeln und Gemüsezwiebeln. Meine Sortenvielfalt insgesamt ist riesig: mehr als 200 Sorten stehen zur Auswahl.

Was ich kann

Ich bin antibakteriell, antiviral und pilztötend. Ich schütze vor Gefäßverengungen und senke den Blutdruck und erhöhte Blutfettwerte. Ich helfe bei Husten und Schnupfen genauso wie bei Insektenstichen und Ohrenschmerzen.

Durch meine heilenden Aspekte bin ich auch bereits in 2015 zur Heilpflanze des Jahres gekürt worden.

Meine Wurzel

Steckzwiebeln werden von mir ab März gesteckt, im Herbst kann ich dann geerntet werden. Ich bin ein Schwachzehrer und benötige nur wenig Kompost. Ich bin insgesamt sehr genügsam und komme mit dem Wasser im Erdreich aus und mag einen sonnigen Standort.

Meine Samen

Ich kann alternativ zu meinen Steckzwiebeln genau so gut über meine Samen ausgesät werden.

„Der Weg zur Gesundheit führt durch die Küche und nicht durch die Apotheke"

– Sebastian Kneipp

Heilsame Rezepte

Zwiebeln bei Husten und Schnupfen

Besonders hilfreich ist es, wenn Sie mich klein geschnitten auf einen Teller in Ihr Schlafzimmer stellen. Durch das Einatmen meiner ätherischen Öle kann ich sehr wirksam in der Nacht sowohl den Schnupfen als auch den Husten an sich und den Hustenreiz lindern.
PS: Wenn der Schnupfen und Husten bei Ihnen noch festsetzt, essen Sie mich einfach klein geschnitten.

Hustensaft – Zwiebelsirup

Sie nehmen eine Hälfte von mir klein geschnitten und übergießen mich mit Agavendicksaft, sodass ich komplett bedeckt bin. Nun lassen sie mich 2-3 Stunden durchziehen. Dann nehmen Sie von dem Zwiebelsirup 3 x täglich ½ Esslöffel.

Insektenstiche/Erkältungskrankheiten

Wenn ich aufgeschnitten werde, kann ich mit meinem Saft desinfizieren, beruhigen und kühlen bei Insektenstichen.

Ohrenschmerzen – Zwiebelpackung

Meine Zwiebel kleinschneiden und in Küchenpapierrolle als Päckchen einwickeln. Nun das Zwiebelpäckchen über Wasserdampf erwärmen. Damit sich mein heilsamer Zwiebelduft bzw. -saft noch besser ausbreiten kann, üben Sie ein wenig Druck auf das Zwiebelpäckchen aus. Anschließend legen Sie das Zwiebelpäckchen solange auf das schmerzende Ohr, wie es als angenehm empfunden wird. Versuchen Sie dabei, dass auch der Teil hinter dem Ohr mit abgedeckt wird.

Narben- und Wundheilung

Mein Zwiebelpresssaft unterstützt die Narben- und Wundheilung. Täglich ein paar Tropfen auf verheilte Narben auftragen und einziehen lassen.

Lieblingsrezepte - Weil schlicht einfach gut ist

herzhafte Zwiebelsuppe

Zutaten für 4 Personen

1 kg Zwiebeln
Gemüsebrühe
1,5 l Wasser
Nudeln
ggf. Pfeffer
Petersilie

Zubereitung (40 min)

1) In einem Topf mit Gemüsebrühe die klein geschnittenen Zwiebeln hinzufügen und ca. 5 Minuten lang köcheln lassen.

2) In einem weiteren Topf mit Salzwasser die Nudeln aufsetzen und ca. 10 Minuten lang köcheln lassen, dann vom Herd nehmen und weitere 5 Minuten stehen lassen, bis die Nudeln sich vollgesogen haben.

4) In der Zwischenzeit die Petersilie waschen und klein schneiden.

5) Jetzt das Wasser der Nudeln abgießen und in die Gemüsebrühe mit Zwiebeln geben.

6) Zum Schluss die Petersilie auf die Suppe streuen.

Nun haben Sie eine köstliche Suppe, die Sie wärmt und gleichzeitig ein Gesundheitselixier ist.

uriger Zwiebelkuchen

Zutaten für ein Blech

300 g Weizenmehl
½ Stück frische Hefe
4 El Rapskernöl
150 - 200 ml lauwarmes Wasser
1 TL Salz

Zutaten für den Belag

Ca. 1 kg Zwiebeln
400 g Seidentofu
200 g Räuchertofu
200 g veganer Käse
1 TL Paprika
1 TL Salz
etwas Pfeffer

Zubereitung (70 min)

1) Das Mehl in eine Schüssel füllen. Die Hefe, das Rapskernöl und den Teelöffel Salz in lauwarmem Wasser auflösen und anschließend gut mit dem Mehl vermengen. Den Teig danach 30 Minuten an einer warmen Stelle aufgehen lassen und mit einem Geschirrhandtuch abdecken.

2) In der Zwischenzeit die Zwiebeln schälen und in dünne Ringe schneiden.

3) Nun die Zwiebeln in einem Topf mit Kokosöl andünsten.

4) Danach den Seidentofu zugeben und miteinander verrühren als auch mit Salz, Pfeffer und Paprika würzen.

5) Als nächstes Räuchertofu in kleine quadratische Stücke schneiden und in einer Pfanne mit Kokosöl anbraten. Danach den Räuchertofu zu den Zwiebeln geben und miteinander vermischen.

6) Sobald der Teig 30 Minuten gegangen ist, ihn auf einem gefetteten Backblech ausrollen.

7) Nun die Zwiebelfüllung auf den Teig geben und gleichmäßig verteilen. Zum Schluss kommt der vegane Käse auf den Zwiebelkuchen und dann geht es bei 180 Grad für 35 Minuten in den Ofen.

Lassen Sie sich den saftigen Zwiebelkuchen gut schmecken.

warmer Zwiebelsalat

Zutaten für 4 Personen

150 g Feldsalat (gleichermaßen bieten sich Ruccola, oder frischer junger Giersch als Salatgrundlage an)
2 große rote Zwiebeln
100 g veganen Schafskäse
Kokosöl
ggf. Pinienkerne
Dressing:
Olivenöl
Holunderblütenessig
Salz
Pfeffer

Zubereitung (30 min)

1) Als erstes den Feldsalat waschen und etwas kleiner auseinander rupfen und auf die Teller verteilen.

2) Nun die Zwiebel schälen und in Ringe schneiden. Danach die Zwiebelringe in der Pfanne mit Kokosöl andünsten.

4) Währenddessen das Dressing zusammen rühren.

5) Sobald die Zwiebelringe fertig sind, sie auf die einzelnen Teller geben und mit dem Dressing beträufelen.

Ungewöhnliche Gaumenfreuden.

bunter Orangen-Zwiebelsalat

Zutaten für 4 Personen

4 Orangen
1-2 rote Zwiebeln
100 g Oliven
4 EL Rapskernöl
ggf. Salz
Pfeffer

Auf dem Foto sehen Sie als grüne Beilage noch jungen Giersch und Märzveilchen. Beides ist sehr dekorativ, essbar und lecker. Alternativ können Sie auch Stiefmütterchen-Blüten nehmen.

Zubereitung (30 min)

1) Zuerst werden die Orangen geschält, in Scheiben geschnitten und auf den Tellern platziert.

2) Dann wird die Zwiebel geschält, in Ringe geschnitten und gemeinsam mit den Oliven auf die Teller verteilt. Nun geben Sie noch etwas Rapskernöl und frischen Pfeffer auf die Salatkomposition.

Pralles Genussvergnügen mit einer Vitaminbombe.

Eigenschaften der Wurzeln sortiert von A bis Z

Akne	Brennnessel, Löwenzahn
Antibakteriell	Knoblauch, Meerrettich, Nelkenwurz, Zwiebel
Antiseptisch	Nelkenwurz
Antiviral	Knoblauch, Meerrettich, Zwiebel
Aphrodisierend	Wilde Möhre, Zuckerwurz
Arthritis	Brennnessel, Knoblauch, Löwenzahn
Asthma	Meerrettich
Atemwegsinfekt	Meerrettich
Ausschläge	Bärwurz, Nachtkerze
Bauchspeicheldrüsenleiden	Brennnessel, Engelwurz
Betäubend	Nelkenwurz
Blähungen	Wilde Möhre, Bärwurz
Blasenentzündung	Knoblauch, Pastinake, Wurzelpetersilie
Blutbildend	Brennnessel, Rote Beete
Blutgerinnsel	Knoblauch
Bluthochdruck	Haferwurz, Knoblauch, Nachtkerze, Rote Beete
Blutreinigend	Brennnessel, Haferwurz, Klette, Löwenzahn
Borreliose	Klette
Bronchialerkrankungen	Meerrettich
Brüchige Nägel	Nachtkerze
Cholesterinsenkend	Knoblauch, Löwenzahn, Schwarzwurzel, Topinambur
Diabetes	Haferwurz, Knoblauch, Schwarzwurzel, Topinambur
Eiternde Wunden im Mund-/Rachenraum	Nelkenwurz
Ekzem	Brennnessel
Entspannung	Baldrian, Schwarzwurzel
Erdung	Baldrian
Einschlaf-/Durchschlafstörung	Baldrian, Engelwurz
Endogene Ekzeme	Nachtkerze

Entschlackend/entgiftend	Brennnessel, Bärwurz, Löwenzahn, Nachtkerze, Schwarzwurzel
Entwurmend	Wilde Möhre
Entzündungen der Knochen	Beinwell
Enzündungen der Nerven	Beinwell
Entzündungen der Gelenke	Beinwell
Entzündungshemmend	Brennnessel, Löwenzahn, Meerrettich, Nelkenwurz
Erkältung	Engelwurz, Zwiebel
Fersensporn	Beinwell
Fieber	Engelwurz
Fußpilz	Knoblauch, Lichtwurzel
Gallenleiden	Brennnessel, Engelwurz, Löwenzahn, Rote Beete
Gelenksbeschwerden	Beinwell, Klette
Geschwüre	Löwenzahn
Gicht	Brennnessel, Bärwurz, Knoblauch, Löwenzahn, Meerrettich, Schwarzwurzel
Gliederschmerzen	Klette
Grippale Infekte	Engelwurz, Knoblauch, Zwiebel
Harnsäureausscheidend	Brennnessel, Schwarzwurzel
Harntreibend	Haferwurz, Schwarzwurzel, Wilde Möhre
Harnsteine	Brennnessel, Meerrettich
Harnwegsinfekt	Meerrettich
Hautkrankheiten	Bärwurz, Löwenzahn, Nachtkerze, Topinambur
Herz-/Kreislauf	Knoblauch. Lichtwurzel, Schwarzwurzel
Hexenschuß	Meerrettich
Hormonell regulierend	Brennnessel
Husten	Meerrettich, Nachtkerze, Zwiebel
Immunstärkend	Engelwurz, Knoblauch, Knollenziest, Rote Beete, Wurzelpetersilie, Zwiebel
Insektenstiche	Knoblauch, Zwiebel
Ischiasschmerzen	Baldrian, Meerrettich
Jungbrunnen	Rote Beete
Knochenbrüche	Beinwell

Konzentration	Baldrian
Kopfschmerzen	Baldrian
Kräftigend	Brennnessel, Knoblauch
Krampflösend	Haferwurz
Lampenfieber	Baldrian
Leberentgiftend	Nelkenwurz, Zuckerwurz
Leberleiden	Klette, Löwenzahn
Lungenentzündung	Knoblauch, Meerrettich
Magen-Darm-Erkrankung	Topinambur, Wilde Möhre
Magenstärkend	Baldrian, Engelwurz
Magenschmerzen	Wurzelpetersilie
Menstruationsfördernd	Wilde Möhre
Migräne	Bärwurz
MS	Nachtkerze
Nachtblindheit	Wilde Möhre
Narben-/Wundheilung	Beinwell, Zwiebel
Nasenbluten	Brennnessel
Nebenhöhlenentzündung	Meerrettich
Nervenstärkend	Pastinake
Neurodermitis	Nachtkerze
Nierenleiden	Klette, Löwenzahn, Pastinake
Ohrenschmerzen	Zwiebel
Pilztötend	Knoblauch, Meerrettich, Zwiebel
PMS	Nachtkerze
Präbiotika	Knollenziest, Pastinake, Schwarzwurzel, Topinambur
Prellungen	Beinwell
Prostatabeschwerden	Brennnessel
Prüfungsangst	Baldrian
Reizblase	Brennnessel
Rheuma	Brennnessel, Löwenzahn, Meerrettich, Pastinake, Topinambur

Sehkraftstärkend	Baldrian, Wilde Möhre
Sehnenscheidenentzündung	Beinwell
Schlaganfall	Knoblauch
Schnupfen	Zwiebel
Schmerzlindernd	Beinwell, Nelkenwurz
Spülwürmer	Wilde Möhre
Stärkend	Brennnessel, Knoblauch, Löwenzahn, Nachtkerze
Stimmungsaufhellend	Rote Beete, Topinambur, Wurzelpetersilie
Stirnhöhlenentzündung	Meerrettich
Stoffwechselanregend	Brennnessel
Stressbedingte Krankheiten	Nachtkerze
Thrombose	Knoblauch
Unruhe	Baldrian, Nachtkerze
Verdauungsfördernd	Bärwurz, Engelwurz, Löwenzahn, Pastinake, Rote Beete, Wurzelpetersilie, Zuckerwurz
Verstauchungen	Beinwell
Verstopfung	Haferwurz, Knoblauch
Warzen	Löwenzahn
Wundheilend	Beinwell, Nelkenwurz, Schwarzwurzel
Wurmbefall	Brennnessel
Zahnschmerzen	Knoblauch, Nelkenwurz
Zellaufbaufördernd	Beinwell, Petersilienwurzel, Schwarzwurzel, Wurzelpetersilie
Zerrungen	Beinwell
Zucker	Haferwurz, Knoblauch, Lichtwurzel, Löwenzahn, Pastinake, Schwarzwurzel

Epilog

Unter dem Strich ist Essen mehr als seine Inhaltsstoffe. Essen ist auch Liebe, Wohlgefühl und Heimat. Daher ist unsere Nahrung mehr als die Summe ihrer Inhaltsstoffe. Die knolligen Wurzeln haben dabei das Zeug zu echten Superstars.

Es geht in diesem Buch darum, altes Wurzelgemüse neu zu entdecken. Es geht um Inspiration und Lust auf die knackigen Kerlchen. Ich hoffe, Ihnen hat die Reise in die wunderbare Wurzelwelt gefallen und ich konnte eine neue Wurzelfreundschaft zwischen Ihnen und den gesunden Knollen anbahnen.

Viele der Rezepte sind variabel. Sie können somit die Wurzeln flexibel durch ein anderes Wurzelgemüse austauschen. Sie können damit untereinander wild experimentieren und Ihrer Fantasie freien Lauf lassen.

Nutzen Sie die Anregungen und Rezepte für ein bisschen mehr Natur für Sie persönlich, in Ihrer Küche und in Ihrer Nahrung. Denn die Knollen nähren Sie auf eine ganz besondere Weise.

Nach dem Motto „Zurück zu den Wurzeln" wünsche ich Ihnen nun ganz viele Glücksgefühle mit den frischen, saftigen Wurzeln direkt aus dem Reich von Mutter Erde.

Ihre
Andrea Kurtz

PS: Ich möchte allerdings auch darauf aufmerksam machen, dass dieses Buch nicht den Besuch beim Arzt oder Heilpraktiker ersetzen soll und kann.

Danksagung

Eine große Umarmung an meine beiden Kinder, die meine Rezepte immer wieder kritisch rezensiert haben. Ich möchte mich vor allen bei meiner neunzehnjährigen Tochter Leonie bedanken, die unermüdlich alle Texte und Fotos dieses Buches unglaublich kreativ und liebevoll lektoriert und umgesetzt hat.
Einen großen Dank an Mutter Erde, die mir eine reichhaltige Wurzelernte geschenkt hat und uns damit jung und lebendig hält.

Wildkräuter einfach & lecker
– Unkraut satt für jedermann –

Was bisher allgemein als Unkraut unbeliebt und vernichtet wurde, können Sie jetzt mit diesem Buch zu leckeren Köstlichkeiten verarbeiten. Zaubern Sie dank essbarer Wildpflanzen und Blüten außergewöhnliche Gerichte, die sich im wahrsten Sinne des Wortes "sehen" lassen können.

Sie müssen kein Wildkräuterexperte sein, um mit diesem Kochbuch sofort loszulegen. Das kleine 1 x 1 der Wildkräuter kennen Sie alle: Brennnessel, Löwenzahn, Klee, Gänseblümchen & Co. Damit lässt sich bereits eine Vielzahl von Gerichten gestalten - oft mit minimalem Zeitaufwand. Eben einfach & lecker.

Erfahren Sie zudem Spannendes über die "Seele" eines jeden Krautes, dessen Besonderheiten von der Wildkräuterexpertin Andrea Kurtz ausführlich beschrieben werden.

ISBN 978-3-944615-20-2
23,50 €

Die Heilpflanzen-Apotheke für jedermann
- einfach & wirksam -

Wenn Sie gerne über den Tellerrand schauen und sich für natürliche Alternativen in Sachen Gesundheit interessieren, finden Sie über das Buch der Wildkräuterexpertin Andrea Kurtz einen leichten Zugang und Einstieg zu den fast vergessenen Heilpflanzen in unserem Umfeld.

Viel Heilkräuterwissen ist mit der Zeit verloren gegangen oder nicht mehr präsent. Das Buch beinhaltet Heilpflanzen bestehend aus einer Mischung von Gewürzkräutern und Wildkräutern. Zu den insgesamt 67 Heilplfanzen hat sie einfache und unkomplizierte Heilrezepte festgehalten, die schnell selber umgesetzt werden können. Vor allen Dingen sind die Rezepte einfach "gestrickt", so das sie ohne Aufwand umzusetzen sind.

Das Buch umfasst eingängige und leichte Heilrezepte, die darauf ausgerichtet sind, die Eigenverantwortung in Sachen Gesundheit zu stärken und sich der eigenen Möglichkeiten zur Selbsthilfe bewusst zu werden. Und dies ohne Nebenwirkungen.

ISBN 978-3-906873-01-5
16,90 €

Literaturtipps

Heilen mit der Kraft der Natur – Prof. Dr. Andreas Michalsen
Mit Ernährung heilen – Prof. Dr. Andreas Michalsen
Wie du dein eigenes Saatgut gewinnst – und so ein kleines Stück Welt rettest – S. Drage
Hilfe, unser Essen wird normiert – Clemens G. Arvay
Wer die Saat hat, hat das Sagen – Anja Banzhaf
Stell dir vor ... Mit Mut und Fantasie die Welt verändern – Rob Hopkins
Film: Wir ernten was wir säen

Bezugsadressen

bingenheimersaatgut.de
samenfest.de
biogartenversand.de
dreschflegel-saatgut.de
kraeuter-und-duftpflanzen.de – Daniel Rühlemann
grünertiger.de
glashausfrankfurt.de – Hans-Martin Aurich für Lichtwurzeln
lichtyam.de – Andreashof in Überlingen am Bodensee für Lichtwurzeln

Weitere interessante Links

nutzpflanzenvielfalt.de
2000m2.eu – Der Berliner Weltacker
knutschdieerde.com
rechtedernatur.de

Über den BUND, VEN oder auch andere Initiativen finden in vielen Städten Saatgutbörsen mit alten, samenfesten Gemüsesorten statt.

Bildquellen: Alle Fotos stammen von der Autorin.
Lektorat/Innenlayout/Umschlagentwurf: Leonie Kurtz

ISBN: 978-3-00-077292-4

Meine Lieblingsrezepte

Mein Favorit, wenn ich krank bin:
Zwiebelsuppe

Mein Seelenwärmer für kalte Tage:
Borschtsch mit Power

Mein Favorit Immunbooster:
Kräftige Knoblauchsuppe

Meine Lieblingssuppe:
Indische Pastinakensuppe